ADHDタイプ脳のすごさを引き出す勉強法

「ズバ抜けた問題児」の伸ばし方

君たちがAIに仕事を奪われることはない!

松永暢史

主婦の友社

落ち着きがなくて、衝動的で、感情の起伏が激しくて、
忘れ物もなくし物も多すぎて、空気がまったく読めなくて、
人の話なんて聞いちゃいないし、
言ったそばから同じ失敗を繰り返す……

という〝才能〟を持つ子

＝

「ズバ抜けた問題児」

「ふざけるな！　オレたちは「病気」じゃない！」

「ズバ抜けた問題児」をお持ちのお母さま、お父さま、こんにちは。子育てに迷う親の味方、受験のプロ歴43年、教育環境設定コンサルタントの松永暢史です。

この本を手に取られたということは、お子さんのことでお困りですね。つらいお気持ち、お察しします。すみません、お子さんはおそらく、私のお仲間です。

●50才をすぎて初めて知った、オレはADHD!?

長年教育相談の仕事をしていますが、ここ10年ほどで「ＬＤ（学習障害）」「アスペルガー」「自閉スペクトラム症」そして「ＡＤＨＤ」といった言葉がよく登場するようになりました。教育に携わる人間として、発達障害についての正しい知識を持つ必要があるだろうと考えて、いくつかの本を手に取って読んでみました。勉強のつもりでした。ところが……大変な衝撃を受けたのです。

「これは、私のことだ！」と。

私はまさに、「ＡＤＨＤ」にピタリと当てはまる子どもだったのです。いいえ、今の自分も確かにそうです。アスペルガー（今はもう使われていませんが、自閉スペクトラム症の一種）も学習障害も少し当てはまると感じました。

「いや、待て待て。自分でそう思うだけかもしれない」と、妻にその本を読んでもらうことにしました。妻は、私と結婚して2人の子どもを産んでくれた、もっとも身近な他人です。彼女なら正しく判断できるはずだと考えました。「どうかな？」と聞いてみると、彼女は即答しました。

「やっぱりね。私はずっと前から気づいていたわよ」

そして彼女の口から、出るわ出るわ。結婚してからこれまでの、彼女が私から受けた「被害」の数々が。私の気づかなかった特性が、妻にこれほどまでにがまんと苦労を強いていたとは……。冗談ではなく、私はまったく気づいていなかったのです。

そしてふと思いました。今でさえこうなのだから、子どもの頃、自分は母にどれほど迷惑をかけたことだろう。しかも、私に劣等感を抱かせずに育ててくれたとは……。母への感謝の念がわき上がりました。そして自分が今日まで、いかに意味のないことで悩み続けてきたのかを知ったのです。

まるで舞台が回転して、セットの裏側を見たかのような衝撃でした。ここまでの人生が、まったく違う姿で見えてきたのです。

そんな私に、妻がこうつぶやきました。「やっぱりあなた、病気だったのね」

●このすばらしい才能を治す⁉　なんともったいない！

病気？　ビョーキ！　ＡＤＨＤが病気⁉

その瞬間、私の頭の中にたくさんの言葉が飛び交いました。

とんでもない。ふざけるんじゃない。病気どころか、これは能力だ。フツーのやつらが、なろうと思ってもなることができない、生まれ持ったすばらしい能力なのだ！

妻は発達障害的な側面がまったくない女性ですから、おそらくわからないのでしょう。ＡＤＨＤ、ＬＤ、自閉スペクトラム症といった発達障害の素質を持った人間に、どれほど大きな能力と可能性があるのかを。

モーツァルトもベートーベンも、ニュートンもアインシュタインも、私たちの仲間です。ビル・ゲイツも、スティーブ・ジョブズもあきらかにそうです。歴史上の天才たちの、ほとんどがそうだと断言できます。発達障害といわれる人たちが、この世界を進歩発展させてきたのです。それはまちがいありません。

にもかかわらず、彼らは周囲からヘンな子として扱われ、最初から差別されてしまいます。そして彼らにふさわしい教育環境は、現在の日本の教育システムの中には設定されていません。

最大の問題は、彼ら自身が「自分は頭が悪いのだ」と思い込むことです。さらにまずいことに、周囲が彼らを「病気」ととらえてしまうのです。私の妻がその見本です。長年連れ添ってきたのに、夫の特性を「治せるものなら治したい病気」と言うのですから。まぁ、それだけ苦労をかけたのは確かだとは思いますし、感謝もしています、はい……。

ともあれ、私はそのとき確信しました。これは病気ではない。治す必要なんてみじんもないのだ、と。

●「問題児」は金の卵。育てるのは楽じゃない。でも、おもしろい！

発達障害、あるいは発達障害的な特性を持つ子どもたちは、確かに「問題児」に見えるかもしれません。フツーではない、突出した問題を持っているように見えるでしょう。

でもそれは、ズバ抜けているだけなのです。多くの「一般人」にないものを持っているから、浮いてしまうのです。彼らには現状を打破する力、未来を切り開く力があり、可能性という名の種子をたくさん内包しています。

こういう子を育てるのは、確かに楽ではありません。でも、なかなかおもしろいのです。人を飽きさせませんし、まだ誰も見たことのない大きな花を咲かせるのではないかと、ワクワクさせてくれるでしょう。

実際、私も教育コンサルタントとして、家庭教師として、均一化された学校現場では「頭が悪い」「問題児」とされてきた子らに勉強を教えてきました。

彼らの相手は大変でしたが、みんな超オモロイ子たちでした。そして適切な指導をしたとき、驚くほど伸びていくのです。

発達障害？　障害？　病気？

「一般人」にはそう見えるかもしれません。そう名づけたいなら、別にかまいません。でも、覚えておいてください。ひらめきも、斬新さも、そして天才も、そこから現れるのです。

この本は、ＡＤＨＤ（加えて、ややアスペルガー傾向）と自己診断している著者が、自分のお仲間である「問題児」＝「金の卵」をいかに育て、いかに教育していくべきなのかをまとめたものです。その途中、私自身の来し方を振り返って脱線する可能性が大いにありますが、「問題児」がどうやって大人になるかの一例を知るのも案外役に立つものです。辛抱強くお読みください。

松永暢史

「ズバ抜けた問題児」の伸ばし方　目次

Part 2

Part 3

Part 5

Part 1

「ズバ抜けた問題児」はすばらしい才能の持ち主なのだ！

「ズバ抜けた問題児」とはどんな子なのか？

●「なんでそんなことするの？」と聞かれても困るんだ！

私は「ズバ抜けた問題児」でした。たとえば3才か4才の頃の、こんな記憶があります。

私は家の近くの公園のすべり台の上にいます。顔にはお面、背には風呂敷、わきにはプラスティックの刀、右手にはおもちゃの光線銃。テレビで見たヒーローさながらの、まさに完璧ないでたちで下界を見下ろしています。気分は最高潮。わけのわからないオリジナルソングを口ずさみ、ヒーロー気分にひたっていると、どこからか声が聞こえてきました。

「飛べ！　飛べる！　飛べるに決まっているじゃないか！」

いやいや飛べるはずはない、と今なら思いますが、当時の私は違います。多少は怪しんだかもしれませんが、できる気持ちの方がつねに勝つのです。

「えーい！」という勇ましいかけ声とともに私は飛びました。体はふわり――とも浮かび上がらず、当然のように地面にたたきつけられました。

割れたお面で頬を切り、刀は折れ、光線銃はどこへやら。みじめの極致です。悲嘆と絶望にまみれて「おかあさーん！」と泣き叫んだことをよく覚えています。

調子に乗って、結果がよくわからないことをやるのはよくない。それが私の最初の学びでした。

けれどその後の人生、調子に乗るのを止めることはできませんでした。

小さなケガは数知れず。頭をしこたま打って病院にかつぎ込まれたこともあります（それ以来、記憶力がずっとアヤしいのです）。プラモデルを買っても、説明書を読まずに作り始めてしまうので、最後まで完成できたためしがありません。

小学校のときには、ほんの10分机の前に座っていることも苦しかった。人間関係も大変でした。深く考えず、思ったことをストレートに口に出してしまうので、クラスでつるし上げられたこともあります。無茶な旅行に出かけて死にかけたこともありました。

その傾向は、今でもあまり変わりません。次から次へと想念がわき上がり、思いついた次の瞬間には行動しているのです。制御がききません。「なんでそんなことをするの？」と聞かれても、答えることなどできないのです。

●私の父が立って晩酌していた理由

すべり台転落事件よりも、さらに幼い頃の私がどうだったのかを母に聞いてみたことがあります。とにかくよく動く子だったそうです。

私が歩き始めた頃から、父は座って晩酌できなくなりました。幼いノブちゃん（私です）が突然ちゃぶ台に激突して料理をひっくり返したり、徳利をバシッとたたいて倒してしまったりするから、おちおち飲んでいられなかったのです。それでも父は私をどなりつけたりせず、タンスの上に酒とつまみをおいて、立ってお酒を飲んでいたそうです。

母にそう言われ、思い出しました。私は幼い頃、「お父さんはおいしいごちそうをタンスの上に隠している」と思っていたのです。親の心、子知らず。あれはそういうことだったのかと、半世紀以上のときをへて、父のやさしさに再びふれた気がしました。

私のこの多動で衝動的な傾向は、母から受け継いでいます。母は大変なじゃじゃ馬だったという話でした。母の父（私の祖父）もそうで、よく動き、よく話し、突拍子もないことをする人だったそうです。75才で思い立って公認会計士の資格を取り、その資格で一銭も稼がなかったという武勇伝（？）があります。

私の父は活力のある人でしたが「一般人」でした。しかし父の弟（私の叔父）はユニークな人で、よく「ノブちゃんは叔父さんに似ている」と言われました。叔父はいろんな動物を飼っていて、白くて大きなオウムを肩にのせ、言葉を教えたりしていました。確かに彼にも少し似ているかもしれません。

ズバ抜けた個性は育て方が悪いわけではなく、遺伝的なものが大きいといわれています。実際、私のルーツや親戚筋を見渡してみると、「ここから来たな」「お仲間だな」という人がけっこう見つかるのです。

頭はけっして悪くないのに学校の成績が悪い。素直で正直な性格なのに周囲から浮いてしまう。「なんでそうなの？」と日常的に言われてしまう。そんな人、親戚にいませんか？

ＡＤＨＤタイプの脳を持つ、とはどういうことか

●脳の特性は変えられない。変える必要もない

さて、私のような子どもを、児童精神医学の世界では「ＡＤＨＤ」と呼ぶそうです。日本語に訳すと「注意欠如／多動性障害」という言葉になります。障害……とは、なかなか衝撃的な言葉です。突然そう言われたら、その子の親は大きなショックを受けると思いますし、傷つくことでしょう。

障害という言葉がふさわしいかどうかはともかく、当事者である私も「ＡＤＨＤタイプの脳」を持つ人たちが存在するとは思います。落ち着きがなく、衝動的で、感情表現が豊かで、ほかの子が思いつかないことを思いつき、パワフルに行動します。いい意味でも悪い意味でも目立つのです。幼い頃は確かに問題児だったことと思います。でも「ズバ抜けた」能力も秘めているのです。

こういうタイプの子を育てていくのは苦労が多いに違いありません。家の中はとっちらかって大変ですし、外に出ればいきなり走り出したり飛び出したり。い

つ車にひかれるかと、親は心配でたまらないことでしょう。

「なんとしてでも治して、普通の子のようにふるまえるようにしてあげたい！」と思うのは、当然の親心です。それはよくわかります。

でも、変えられないのです。

ここは非常に大事ですから、覚えてください。「ズバ抜けた問題児」たちの脳の特性を、変えることはできません。

ですが（ここからはもっと重要です）、「使いこなす」ことはできるようになります。使いこなすことができたとき、「一般人」には手にすることのできない、その子だけのズバ抜けた能力として花開きます。

それを私は、「ギフト」と呼んでいます。

神から与えられたギフトではなく、自分の弱点を自分の意思と知恵で乗り越えたことで手に入れた、正真正銘のギフトです。

親の仕事は、そして本来であれば教育者の仕事は、その子が持って生まれた個性を使いこなす方法を教えることだと私は思います。

パラリンピックの選手たちをごらんなさい。障害があっても、その人が本来持っている高い運動能力を使いこなし、障害をカバーしてあまりあるほどの活躍をしています。それができるようにすることが教育だと私は思います。

●「不注意」ではない。あらゆるものに「注意」が向くのだ

さて、使いこなすためには相手を知る必要があります。ＡＤＨＤタイプの脳とは、果たしてどんなものなのでしょうか。

ＡＤＨＤには３つの大きな特徴があります。左ページにある３項目がそれです。「あ、まさにうちの子だわ」とか「自分にもこういう傾向がある」などと思われる方が多いかもしれません。私自身もかなり当てはまります。

ただし、ここに書かれていることはある意味正しいけれど、ある意味まちがっていると私は思います。

たとえば、ひとつ目の「不注意」を見てみましょう。「ひとつのことに集中するのが苦手」「物音などの刺激ですぐに気が散ってしまう」とあります。

オイオイ、こんな表現じゃオレたちの特性がちゃんと伝わらないんだよ、と私は言いたいですね。これじゃ、ただのダメ人間じゃないですか。

ADHDの基礎知識
3つの大きな特徴があります

1　不注意　一定時間ひとつのことに集中するのが苦手。ようやく集中しても、物音などの刺激ですぐに気が散ってしまう。また、持ち物や約束事に注意が払えないので、忘れ物をしたり、物をなくしたり、時間に遅れたりすることがしばしばある。

2　多動　状況とは無関係に体を動かしたり、相手かまわず一方的に話し続けたりする特性がある。本人の意思ではなく、脳の働きによって自然に動いてしまうため、ごく短い時間でも静かにしていることがむずかしい。

3　衝動性　「欲しい」「したい」という欲求が強く激しく出て、衝動的に動いてしまう。たとえるなら、アクセルの反応が速くて強力であるにもかかわらず、ブレーキがとても弱い車のよう。喜怒哀楽などの感情表現も、抑えることなく表す傾向がある。

いいですか？　我々は「不注意」ではありません。その逆です。ありとあらゆるものに敏感に注意が向いてしまうのです。だから集中できないのです。

たとえば授業中、じっと座って黒板だけを見ているなんてできません。つねに全方位360度に注意が向いているのです。「あ、1年生が校庭で体育している」「風でカーテンがパタパタしてる」「隣の女子の消しゴムかわいいじゃん」「先生の鼻毛が見えてるなぁ」……さまざまな情報が目からも耳からも入ってきます。

窓からトンボなんかが入ってこようものなら、それこそ大事件です。当然「トンボだ！　トンボが入ってきた！」と叫んでしまうし、追いかけたくもなる。「立ち歩くな」「今は授業に集中しろ」と言われたって無理です。

我々は、そこまで鈍感にはできていないのですから。

●狩猟採集時代なら、オレたちはヒーローだった！

思うに、この能力は先史時代、狩猟採集の頃に培われたのではないかと思います。狩人であれば、ADHDタイプは非常に優秀だったはずです。

つねにきょろきょろと周囲をうかがい、夕飯のおかずになるような鳥やウサギが現れないか、おいしそうな木の実はないかと見回しています。小さな物音も聞き逃しません。パッと注意が向きます。

そして、いざ狩りが始まったら瞬時に行動するのです。ものすごい集中力を働かせて、「獲物はどっちに逃げるか」「どう捕まえるか」「いや、こいつは強そうだから自分が逃げた方がいい」などをとっさに判断し、即座に動きます。

「どうする？　みんなの意見を聞いてから動こうと思うんだけど」なんてやっていたら、即アウト！です。相手がトラなら食われてオシマイ、そうでなくても獲物を取り逃がして飢え死にです。

この瞬発的な行動力と決断力こそ、衝動性のたまものなのです。

実際、いつも落ち着きなくちょろちょろしている子ほど、本当に好きなことをしているときには、とことん集中しているのではないでしょうか。それこそ周囲の物音など耳に入らないほどに。

●集中すればするほど、次々とネタがひらめく！

そして集中しているときほど、パッパッと頭にさまざまなアイディアがひらめくのです。不思議なのですが、極度に集中すればするほど「もっといいこと」を思いつくのです。これが「一般人」には理解不能のようで、こう言われることがよくあります。「今コレをやっていたはずなのに、もう違うことをしている。飽きっぽいんだから」とか、「え？　いきなりその話題に移っちゃったの？　ついていけないよ」とか。

人の話を最後まで聞けず、相手の話をさえぎって話し始めてしまうのも同じです。話に興味がないから、話を聞いていないから、ではなく、その話が脳を刺激して次々と新しいネタがひらめいてしまうからなのです。脳が高速回転しているということなのです。

ねぇ、これってけっこうすごい能力だと思いませんか？

現代教育システムが「問題児」を生み出す

●45分間、前を向いて座っているという苦行

ところが、現代の学校という場では、この能力はマイナスにしか働かないのですから、あまりに残念です。

P23の「多動」の箇所を見てください。「体の一部が意思とは関係なく動く」と書かれていますが、なぜだかわかりますか？

ADHDタイプの子は、黙って座っていることが非常に苦手です。学校の授業はその最たるもので、45分間の授業は拷問です。動きたくてたまらないし、話したくてたまらない。それでもなんとかがんばって「今はちゃんと座っていなくては！」と自分を抑えようとします。その結果、貧乏ゆすりをしたり、いすの脚をガタガタさせたり、シャープペンシルをくるくる回したりすることで、「それ以外の部分は動かさない」ことに成功しているのです。この努力をもう少し評価していただきたい。

それに、「問題児」だって実は集団授業の役に立っているのです。

ほかの多くの子どもたちにとっても、45分間の集団授業は苦痛です。それでもなんとか45分間耐えられるのはなぜだと思いますか？　それは「問題児」がいるからです。

先生の質問にトンチンカンな答えをしたり、予想もしないリアクションをしたり、トンボが入ってきたら騒いだり、唐突に「せんせー、鼻毛出てるよ」と言ったりする。その瞬間にみんながワッと笑って少しリフレッシュするからこそ、再び黒板に向かうことができるのです。皆さんにも、そんな記憶があるのではないでしょうか。

●「問題児」はスケープゴートにされている

とはいえ、学校教育の現場で彼らはやはり「問題児」です。典型的なのが学級崩壊。ＡＤＨＤタイプの子が口火を切るような形で、授業が成り立たなくなるという問題です。

でも、これは彼らだけの問題ではありません。プロ家庭教師の私に言わせれば、グループ学習の限界は最大で10人です。30人以上もいる教室の中で、おとなしく授業を受けさせようということそのものがまちがっているのです。

学校の先生だって、無理だとわかっている。それでもとりあえず授業を成り立たせなくてはならないので、「ズバ抜けた問題児」を認めることはできません。先生はさまざまな方法で、「こういう子たちはダメな子なのだ」という評価をしていきます。

たとえば通知表という制度があります。どんなにテストで高得点が取れても、授業態度が悪く、宿題をしてこなくて、ノートや教科書が落書きだらけだったりすると、5はけっして取れません。テストが毎回100点でも5は取れません。観点別評価というシステムになっているので、すべてがバランスよくできなければ、高評価は得られないのです。

そのため高校受験の場合、模擬試験でトップクラスの成績を得ていても、内申点（通知表）が悪いがゆえに公立トップ校を受験できない例が少なくありません。なぜこんなことがまかり通るのでしょう？

それを考えるうえで重要なのは、「公立の学校はなんのためにあるのか」ということです。

●日本の教育は公務員を育てるためにスタートした

国が無償で子どもたちに教育を行き渡らせるために学校を作っている、その目的はなんでしょうか。答えを言いましょう。

公務員を育てるためです。

できるだけ優秀で役に立つ公務員を育てるために、国は公立の学校を作っているのです。これは明治期からずっとそうです。地方で考えればわかりやすいと思います。地方の公立中学校は、地元の公立トップ高校に子どもを進学させようとしますし、地方の高校は地元の国立大学に進ませようとします。その先にあるのは県庁や市役所、教員といった公務員です。

では、公務員とはどんな人でしょうか。時間に遅れず、集団ルールを守り、提出期限を守り、上司の言うことには素直に従い、勝手な行動を取らない。前例に従い、反抗せず、人を不愉快にさせず、集団行動ができる人。

つまり、通知表でオール5を取れるような子です。クラスで学級委員になれるような子です。

そういう人間が高く評価されるようなシステムを作ることによって、優秀な公務員を育てようとしてきた……それが日本の教育だということです。

それがいいとか悪いとかは、ここでは問いません。でも、少なくともこの本を読む人には理解してほしいのです。あなたのお子さんが「問題児」扱いされているとすれば、それはシステムゆえだということを。

「バカだから」「病気だから」「根性が曲がっているから」などと考える必要はまったくないのです。

●「フツーの人」は奴隷になれる。「問題児」はなれない

さて、そんな教育システムに順応できなかった私は、人生の多くの場面で劣等生でした。大学は2浪、就職は一度もしていません。

それを後悔しているかというと、答えはノーです。

2浪までして「難関大学」に入学したことによって、大学というものが私の理想とはほど遠い場所なのだと実感できました。あっさり入学していたら、大学と

いう場所の真の意義など考えもしなかったことでしょう。

さらに2年間の必死の受験勉強は、大学時代の私に家庭教師という天職を与えてくれました。それが現在の教育環境コンサルタントという仕事につながり、多くの著書を執筆する機会に恵まれています。

サラリーマンになりそこねたおかげで、満員電車で通勤せずにすんでいます。ゴルフ場で「ナーイスショット！」と作り笑顔で叫んだこともありません。

そんな私から見ると、現在の日本型の教育は、決められたシステムに唯々諾々と従う労働者を作ろうとしているように見えてしかたがないのです。深夜の電車で疲れ切った表情で電車に揺られる若者を見ると、私は奴隷船で新大陸に運ばれてきたアフリカ人たちを思います。船の中でギュウギュウ詰めにされて運ばれ、反抗すると海に捨てられてしまった彼らのことを。

現代のサラリーマンは、銃で脅されているわけでも、鎖につながれているわけでもありません。けれど「言われたことに従うのが正しいことだ」「皆がやっているこことだからしょうがない」という見えない掟にしばられ、逃げ場を失い、自ら命を絶つ人もいます。痛ましいことです。

幸か不幸か、「問題児」にそれはできません。200年前であれば新大陸に着く前に海にほうり出されて、サメのエサになっていたに違いありませんが、幸い現代社会では、サメのエサにならずに生きることができます。自らの能力ひとつで生きるチャンスは、さまざまな場所にあるのです。

実際、社会で成功しているADHDタイプは数多くいます。「お、ご同類ですな（ニヤリ）」と感じさせる人もいますし、じっくり付き合わなければ気づかないほど上手にコントロールしている人もいます。彼らは皆、自らの個性の長所と弱点を知り、うまく使いこなすことができている人たちです。自らの「問題」を上手に使いこなして社会とある程度協調できるようになり、そのうえで「一般人」にはない能力を開花させた人たちは、たまらなく魅力的です。

成功しているADHDタイプも、社会に適応できずに苦しんでいるADHDタイプも、子ども時代は皆似たり寄ったりの「問題児」だったはずです。家庭環境や、教育や、指導者に恵まれたかどうかが、彼らの運命を変えたというのは言いすぎでしょうか。

「問題児」はこれからの日本に必要な人材だ

●日本社会が求めるアイディアマンになれる素質がある

ある大企業の社長と話をしたときのことです。その方はこう言いました。

「会議で新しいアイディアが出せるのは、だいたい40人から50人に1人なんですよ」と。

その言葉は実に納得がいくものでした。そう、アイディアがひらめく人間は、非常に少ないのです。アイディアというのは、みんながひとつずつ持っていて、一生に1回すばらしい物が出てくる……などというものでは絶対にありません。ひらめく人はいくつもひらめき、ひらめかない人はまったくひらめかないものなのです。

40人から50人に1人。その数が、ADHDの割合となんとなく符合すると感じるのは私だけでしょうか。

すでに述べたように、ADHDタイプの脳は次々にアイディアがひらめきます。

集中すればするほど、あれもこれも思いついてしまって、ひとつひとつが中途半端に終わります。それを「一般人」たちは、「集中力がない」「根気がない」「何をやらせても中途半端」と言います。

けれどその力を上手に育てていけば、きっと「おもしろいことを思いつく人」になれるはずなのです。もともとその能力が高いわけなのですから。

だからどんなに「問題児」であっても、彼らの存在は歴史の中から消えていきません。その個性を「なんだかおもしろい人だなぁ」と魅力的に感じる異性が存在し、子孫を残し、遺伝子が脈々と受け継がれていくからです。人類の中の、「思いつく係」「ひらめく係」「現状を打破する係」、そして「王様は裸だ！と言う係」として。

彼らの武器は「違い」です。「一般人」とはあきらかに違うからこそ、魅力になり、武器になる。

親は「普通であればいい」と望むものですが、けっして普通にはなれません。矯正しようとすることは、かけがえのない魅力を消そうとすることです。

●誰もが他者とは違う能力を必ず持っている

「違い」が大事なのは、すべての子どもにいえることだと思います。

人は誰しも、他者との違いを持って生まれてきます。完全に同じ生命体など、この世の中には存在しないのです。

たとえ顔も声も体型もそっくりな一卵性双生児でも、兄／姉と弟／妹は別人格です。けっして同じ人ではありません。すべての人間はこの世にたったひとりの存在で、ほかの誰かになることなどできません。

つまり、誰もが皆特殊だということです。発達障害であろうとなかろうと、特殊性を持って生まれてくるのです。その特殊性をいかに花開かせるか、いかに社会の中でいい意味で発揮していくか、それが生きるうえでの課題だと私は思っています。

もしその特殊性が発達障害といわれるような個性であったとしても、他者にはけっしてまねることのできない「能力」や「個性」にしていくことはできるはずです。それどころか、天性のすばらしい資質、財産なのだと私は言いたいのです。

それに、ご安心ください。どんなにズバ抜けた「問題児」であっても、彼らは必ず成長します。まぁ、発達障害というくらいですから、発達の速度は多少ゆっくりしています。いや、かなりゆっくりしているかもしれません。

でも必ず発達します。その結果、徐々に落ち着いてくるのは確かです。

ゆっくりと成長を待ちながら、その子だけの魅力や個性、発想力や決断力を楽しんでいけば、こんなにおもしろい子育てはないはずです。

……と言ったら、私の母に叱られるでしょうか。

社会と協調しながらオモロイ人生を歩む

●子どもの紆余曲折に親がうろたえてはいけない

とはいえ、幼児期や児童期、思春期の「問題児」を育てるのは簡単なことではありません。親はもちろん大変ですが、子ども自身がその特性ゆえに苦労するのです。

小学校低学年くらいまではクラスメイトも幼いので、さほどの問題は起きません。しかし小4あたりのプレ思春期になると、子どもながらに空気を読み、常識的な行動をすることを重視し始めます。

私は子どもの頃、あまりにも正直でした。加えて口が達者でした。いや、口が減らないガキでした。これは今も直っていませんが、思ったことは全部そのまま口に出していたのです。必然的に敵が増えました。小学6年生のときには学級裁判でつるし上げられ、「松永は悪人」というレッテルを貼られました。非常に理不尽だと感じたものです。

「問題児」は、世の中とも友だちとも、今ひとつしっくり合わないところがあります。大人になるとその違和感にも慣れて、自分なりのふるまいがわかってくるのですが、子どもの頃はそれができず、苦しむのです。

私は、死にたいと思ったことが何度もありました。高校生の頃はかなり本気でした。いじめられたからということではなく、自分という人間がほとほと嫌になってしまったのです。詳細は後述しますが、死なずにすんだのは母のおかげです。死にたくなるといつも母の顔が浮かび、「死んではいけない」と思いとどまりました。自分を愛し、信じてくれた母を悲しませたくない一心で、なんとか苦しい時期を乗り切ることができたのです。

「問題児」の子ども時代は、紆余曲折です。絶対に紆余曲折します。体験して、失敗して、迷って悩んで傷ついて、その先に成功があるのです。だって、体験からしか学べないのですから。

親は「紆余曲折は想定内よ！」と、どーんとかまえていていただきたい。親が信じてくれていれば、子どもは立ち直ります。立ち直って、自分の道を歩んでいけるはずなのです。

●幸せにしようと思わない。おもしろい人生を歩ませる

極端な言い方かもしれませんが、あえて言わせていただきます。「ズバ抜けた問題児」の親は、わが子に「幸せに生きてほしい」と思わないでください。

多くの親は、幼い頃から子どものためにさまざまな準備をして、幸福な人生を歩ませてあげようと思うものです。でも、それはあきらめる。

幸せは、偶然が運んでくる。

運がよければ幸せになれる。

そう割り切ってください。そのかわり、「おもしろい人生を歩ませよう」と思ってください。この子たちは、おもしろいことにはとことん張り切ります。今、目の前にあるおもしろいことをたくさんやらせて、人生はもっとおもしろくなるのだとワクワクさせてください。そうすると、きっとどこかで偶然の神様が幸せを運んできます。そんなふうに考えると、親の気持ちも楽になるのではないでしょうか。

以前、ある「問題児」の母親の相談を受けました。「この子、将来どうなっち

ゃうんでしょう」と涙ながらに語るお母さんに、私は自分の顔を指さして言いました。「こうなります」

彼女は目を丸くして、しばらく考え、そしてこう言いました。

「松永先生みたいになれるんなら、まぁいいか」

まぁいいか！　そう、それが大事なのです。そう思って育てていくと、驚くようなおもしろい未来が待っていると私は思います。そういう芽を持っている子たちなのですから。

でもその前に、親には「してほしいこと」と「してはいけないこと」がありま す。次章からはそのあたりを、具体的にお話ししていきたいと思います。

中の下の成績からトップ校に合格する実力をつける

本編でもしばしばお伝えしますが、中学2年までの私の成績はひどいものでした。中2の2学期は理科と音楽が３、社会が４、それ以外はオール２です。素内申（５段階評定の合計点数）は22、クラスの中では中の下です。幼児期からの運動神経の悪さは改善されず、走れば最下位、バレーボールは顔で受ける。体育教師は「おまえは何をやってもダメな人間だな」と私をあざ笑いました。

そんなふうにバカにされ、初めて「成績を上げたい」と思いましたが、いかんせん勉強のやり方がわかりません。成績優秀な友だちに聞きまくり、彼らの勉強の様子を徹底的に観察し、まねをしました。夜中に自転車を走らせて、彼らの勉強部屋の電気が消える時間を確認したこともあります。翌日彼らに「何時に寝たの？」と聞くと、私が確認した時間よりもはるかに早い時間を言うのです。「ああ、みんな口で言うより長く勉強しているんだ！」と気づいたものです。

この頃から、成績を上げることが、私の新しい遊びになりました。苦手な暗記科目を、工夫とアイディアで乗り越えることに楽しさを見いだしたのです。

運命の出会いもありました。中２の３学期、近くの個人塾に通い始めたのです。私は塾長の先生が大好きになり、夏休みは朝の９時から夜7時まで、1日10時間以上、42日間通いつめました。

夏休み明けの９月の学力テスト、私の成績は学年で10番でした。中３の２学期の通知表は５と４ばかりになり（体育だけが２のまま）、素内申は37まで跳ね上がりました。

そして公立トップの進学校にまさかの合格。急に手のひらを返したように「きみはやればできる子だと思っていたよ」なんて言う教師に辟易しましたが、私をバカにしていた体育教師が「え？　おまえがあの高校に？」と驚愕したときの顔は一生忘れません。

Part 2

「ズバ抜けた問題児」を育てる基本ルール8

「ズバ抜けた問題児」を育てるちょっとした覚悟

●「早生まれだから、できなくてもしかたない」

私は「問題児」でした。そして今は、多くの「問題児」と向き合っている教育者のはしくれです。

この章では当事者としての自分の体験と、客観的な教育者としての視点の両方を重ね合わせてわかった、問題児を育てるコツのようなものを、基本ルールとしてご紹介したいと思います。

本題に入る前に、大前提として知っておいてほしいことがいくつかあります。「問題児」の親であることのちょっとした覚悟のようなものです。

ひとつ目。発達が遅いのだ、ということを理解してください。幼児期から児童期は、個人差が非常に大きい時期です。早生（わせ）の子も晩生（おくて）の子もいます。そして発達障害の傾向を持っている子は、その名のとおり発達が遅いのです。もうオクテもオクテ。実際の年齢から2～3才マイナスしておくくらいでいいでしょう。

ふたつ目。遅いけれど、必ず追いつきますからご安心ください。ちょろちょろ落ち着きがなかった子でも、中学生くらいになるとずいぶんおとなしくなってきます。そこは保証します。本質的な部分は変わりませんが。

みっつ目。社会的なルールやマナー、自分の身の回りを整える方法は、家庭で教えてください。ゆっくりでいいのですが、丁寧に教える必要はあります。「この子はこの子のままで」と言うと本当にほったらかしにしてしまう親御さんもいるので、基本的なしつけは親の当然の責務だということはお伝えしておきます。

よっつ目。念のためにつけ加えますが、しつけと称してたたいたり、どなりつけたり、両手をしばり上げたりしないことです。実際、たまにいるのです。口に粘着テープを貼って黙らせる、などという人が……。虐待行為は親子の信頼関係を奪うだけで、何ひとついいことはありません。

ということを大前提として、スタートしましょう。

ルール1　絶対にコンプレックスを与えない

●劣等感を与えることは簡単なのだ

「ズバ抜けた問題児」を育てるうえでもっとも不要なもの、それがコンプレックスです。子どもに無用なコンプレックスを持たせないというのは、どんな子どもを育てるうえでもいえることです。しかし「問題児」の場合は、ことさらに注意を払うべきです。

Ｐａｒｔ1でも書きましたが、現代の教育システムの中で「問題児」は、確実にコンプレックスを与えられるようにできています。幼い頃はまだしも、小学校に入ると次第に気がつき始めます。人と自分が違うこと。世の中とも学校ともなんとなく折り合いが悪いこと。ヘンなヤツとか、ＫＹとか、不思議ちゃんとか言われてしまうこと。そこで子どもはどうしても苦しむのです。

それでも前向きでいられる子と、そのまま腐ってしまう子がいます。その違いは何かというと、「なんと言われても自分は大丈夫だ」という根拠のない自信があるかどうかです。根拠のない自信さえあれば、自分が本来持っているひらめき力とか観察力とか決断の速さとかインスピレーションとか、いやいやもっともっと、ここには書き切れないほどの長所があるから、それを伸ばしていけばいいんだということがわかってくるのです。

●魔法の言葉だった「あなたは早生まれだからね」

ＡＤＨＤタイプの子は、苦手なことが多いと感じます。学習障害などが混じっているからかもしれません。私はそういう子でした。まず、スキップができない。しかも奇妙な動きをするらしいんだね。好きだった女の子に大爆笑されて、以来女性は信じないことにしております、はい。

小学生になったら、ますます苦手が増えました。暗記が苦手で漢字が覚えられない。九九の暗記ができない。できないことだらけです。そんな私に、母はいつもこう言いました。「ノブちゃんは早生まれだからできないんだよ」と。

いい言葉です。私は単純に「早生まれだからしょうがない」と思い続けることができました。ノートの文字が異様に汚くても、筆算が人の何倍も遅くても「早生まれだからしょうがないなぁ」と本気で信じていたので、コンプレックスにはなりませんでした。その後、受験などの真剣勝負の場面がきたときも、自分を信じて踏ん張ることができました。

また、私の父は「一般人」でしたが、私の個性を否定することはありませんでした。どなられたりした覚えもありません。

この本を作るにあたり、来し方を振り返る機会がたくさんあったのですが、あらためて父や母への感謝の気持ちでいっぱいになりました。先日ついに母に電話をかけて、「ありがとう。早生まれだからと言って、オレを傷つけないように励ましてくれて」と伝えたほどです。

ところが驚いたことに母は「私は本当にそう思っていた」と言うのです。「あなたは頭がいいから、どんなに成績が悪くても大丈夫だと思っていた」と。

いやはや、なんとまぁ。なんの根拠もなく信じていたとは。親バカさまさまです。私は完全に暗示にかかってしまったのですから。

●「できない」ままでもいいじゃないか！

もちろん、わが子にコンプレックスを与えよう！などと思っている親はいません。でも「できない」を「できる」に変えたいと思ってがんばってしまうとダメなのです。「問題児」はオクテですから、そんなに簡単にできるようにはなりません。「親の期待に応えられない」ということで傷つき自信をなくします。

親が注目すべきは、わが子の「できる」です。今できることを「もっとできる」「突出してよくできる」にすることの方が、簡単だし効果的です。

「問題児」には、調子に乗りやすいという非常に魅力的な特性があります。彼らは暗示にかかりやすいので、ほめられたりすると、すぐさま調子に乗って自分の長所として認めて伸ばそうと思います。この愛しい個性を、ぜひ上手に使ってほしいと思います。

「できない」は、ゆっくり見守るのがいいと思います。

きっといつかできるようになるよ。みんなと同じやり方ではできなくても、ちょっと工夫すれば、ほかの方法でやれるようになるよ。あなたは思いつく子だからね。……とまぁ、こんなスタンスでいてください。

ルール2 「がまん」ではなく「おもしろい」を体験させる

●「問題児」を動かす方法はたったひとつ

「毎日毎日、同じことを何度も何度も言っているのに直らない」と嘆いているお母さん、お父さん、ムダな怒りをぶちまけるのはもうやめましょう。「問題児」に何かをさせたい、あるいは集中させたいとき、彼らを動かす方法はたったひとつしかありません。

おもしろがらせること。それだけです。

「やりなさい！」とどなってもムダです。たたいたりどなったり、存在を否定するような言い方をしたりするのは、子どもの誇りを傷つけ、やる気をなくさせて逆効果にしかなりません。そうした方法でたまたま彼らが動いたとしても、多くの場合、その場限りです。おもしろがらせる方がはるかに効果的です。

育児書には「片づけを嫌がる子には、『片づけ競争しよう』と言って、楽しく競争しながら片づけましょう」と書かれていたりしますが、この方法にコロッとひっかかって、一生懸命片づけちゃうのが「問題児」です。小学校低学年くらいまでは、こういう単純な方法でも効くんです。ごほうびも非常に効果的です。

Ｐａｒｔ3で詳しく説明しますが、勉強も同じです。おもしろさを実感すると、とことん知りたくなります。歴史オタクとか、数学だけすさまじくできるとか、そういう子がいます。まずはそこを目指すのが正解です。

●がまんは美徳、は単なる思い込み

しかし、実際に「おもしろがらせよう！」と思って実行できる親は多くありません。なぜだと思いますか？　それは、多くの日本人が「嫌なことをがんばってやることに価値がある」という思い込みから、抜け出せないからです。つらい、苦しい、そういう負の感情を意思の力で抑え込んだうえで手にした「できた！」に価値を感じるのです。楽しんでラクラク「できた」を手に入れることは、その人のためにならない！みたいに思うんですね。

なんなんでしょ、この「がまん神話」は。もう止めようよ、日本人。

苦しんで覚えたことは、すぐ忘れるんです。

でも、楽しんで覚えたことは忘れませんよ。

電車が大好きで、各駅停車の駅名を全部そらんじることができる子がいますね。おもしろいから覚えるんです。楽しいから忘れないんです。

さらにそういう子は「覚えるって楽しい！」と知っていますから、試験のために暗記するときにも、駅名を覚えたときのコツを上手に利用して暗記ができます。「楽しいスイッチ」を押しながら覚える方法がわかるのです。

高校の生物で習うクエン酸回路の図を覚えていますか？　非常に複雑な回路です。よろしければググってみてください。覚えるの、大変そうでしょ？

これをするりと覚えてしまった子がいました。どうやって覚えたのか、と不思議でした。彼は小さい頃、お父さんといっしょに山手線を何周もして、駅名や山手線とつながる路線を、全部暗記したのだそうです。彼はクエン酸回路を見たとき、山手線みたいだ！と思いました。駅名や路線を覚えるように記憶したところ、すんなり覚えられたというではありませんか。これですよ、コレ。

人間は「おもしろい！」と思ったときに、アタマがよくなるのです。アタマの調子がよく、なめらかに思考できるので気持ちがいいのです。だからすんなり覚えられるのです。

このような瞬間をどれだけ多く用意できるか、親にはそれが問われています。

●おもしろいと思わなければ集中できない

暗記だけではありません。集中すること、じっくり観察することもまた、おもしろさの中で学ぶことができます。

私が子どもの頃、父はよく野山に連れ出してくれました。父は時折「おい、ちょっと見てみろ」と私に声をかけます。たとえばカエルです。池の端っこでじっとしているカエルを、私にもじっとして見ていろと、小声で言うのです。多動で落ち着きのない私に、です。

1分たってもカエルはピクリとも動かない。2分見ても変化なし。3分くらいで、もう嫌になってしまいます。でも父は「もうちょっとだから」と言うのです。しかたなくカエルに目を戻した私は、とんでもないものを目にしました。

カエルの口から細くて長い舌がシュッと飛び出し、小さなハエを捕まえて飲み込んだのです！

そのすばやい動き、まさに一瞬芸です。私は大興奮。じっと待つという嫌なことをがまんしたおかげで、こんなにおもしろいものが見られたのです。だったら待ってもいい。だったら集中して見つめよう。そんな気になったのです。

そういえば、父はこんなことも言っていました。「なんでネコはネズミを捕まえられるか知ってるか?」。「知らない」と言うと、「ネズミが来るまで、ネコはじっと待てるんだよ」と言うのです。当たり前のことかもしれませんが、私の心には響きました。イヌは確かに待てない。でもネコは待てる。だからネズミを捕まえられるのか。なるほど。

待つこと、観察することの価値が理解できたのは、こういう体験のひとつひとつによるものです。

おそらく父は、落ち着きのない私を心配していたのだと思います。それを一方的に「落ち着け」とか「黙れ」とかいう言葉で伝えるのではなく、実体験を重ねる中で伝えてくれた。そこに意味があるのです。

ルール3　小学校時代はとことん遊ばせる

●たくさん遊ばせないと、子どもはダメになっちゃうんだ

「楽しい！」「おもしろい！」がたくさん詰まった時間、それこそが遊びです。

大人にとっての遊びとはくらべものにならないほど、子どもの遊びは深く、楽しく、充実しています。思い出してください。日が暮れるのにも気づかないほどにとことん遊び、別れぎわに「明日もまた遊ぼうね」と約束して別れたときの、もっともっと遊びたいと思った切ないまでの気持ちを。

子どもは遊ばせないとダメになります。特に、「外で遊ぶ」「友だちと遊ぶ」ことは何よりも優先させてください。ADHDタイプであればなおのことです。

日頃から、不注意で集中力がないといわれている「問題児」たちですが、大好きな遊びをしているときには高い集中力を見せます。人工的ではない、自然が舞台であればなおさらのこと。

たとえば木登りをするとき、どこに手をかけ、どこに足をのせればうまく登れ

るか、瞬時に考えなくてはいけません。身の危険に直結するので、とんでもない集中が必要です。

虫捕りもそうです。小さな虫を捕まえるためには、足音も呼吸の音さえも消さなくてはいけないのです。前述したカエルのエサ捕りを見るのもそうです。自然は人間の都合に合わせてはくれません。その中で満足のいく結果を得るためには、自分の一方的な欲求は抑えるしかないのです。

また、どんなにささやかな自然であっても、そこには「不思議だな」「どうしてだろう」という知的好奇心を刺激する要素が含まれています。ＡＤＨＤタイプの脳を持つ子たちは感受性が豊かです。自然の中にしかない謎に気づき、好奇心をふくらませるに違いありません。

●集団遊びの中で挫折と栄光を学ぶ

友だちとの遊び、特に集団遊びは、児童期には欠かせません。同世代、同性の子たちとことん遊び尽くせるのは、おそらく12才ごろまででしょう。この年齢までにどれだけ友だちと遊べたかが、人間関係の基礎を作ると言っても過言ではありません。

「問題児」は人間関係がうまくない子が多いものです。周囲の空気を読むのが下手ですし、不必要な発言で人を傷つけることもあるかもしれません。それが「いけないことなのだ」と学ぶ機会もまた、友だちとの遊びの中にあるのです。

友だちを傷つけ、友だちに責められ、怒り、ケンカし、泣き、それでも仲直りしてまた遊び始める。それができるのは子ども時代だけです。同世代の子どもは「問題児」であろうとなかろうと、みんな人生勉強の真っ最中です。未熟な同世代の中に身を投じて、お互いに協力しながら楽しい遊びを構築していくことが、その後の社会人としてのスキルに結びつかないはずがありません。

でも、カン違いしないでください。「問題児」はただのトラブルメーカーではありませんよ。彼らは遊びの中で非常にいいシゴトをするのです。

「一般人」の子には思いつかない新しい遊びを、次々に思いつくんですね。私がそうでした。「松永くんと遊ぶと、おもしろいことがいろいろ起こる」と皆によく言われて鼻高々でした。たとえば、すさまじくハイレベルな缶蹴り。広場の隣の家の屋根から飛び降りて、オニの足元に着地して缶を蹴ったときのあの快感は忘れられません。友だちは大喝采、私も鼻高々でした。その家の人には非常に驚かれましたが。まぁ「問題児」たるゆえんです。

●とことん遊び尽くすと自発的に勉強する

友だちとの遊びは、子どもの能力を伸ばすうえでも非常に大切なことです。遊びの中にはつねに試行錯誤があります。試行錯誤を重ねることで、人は新しい発見をし、創造し、可能性を広げていきます。ひとりで遊んでいても試行錯誤はできますが、友だちと遊ぶことでそれは何倍にもなるのです。

自分には思いつかないことも、友だちなら思いつく。思いついてもできないことを、別の友だちなら実行できる。たとえ自分は何もできなくても、遊びの中で共有すれば、友だちの「できた！」は自分の「できた！」と同じなのです。

子どもには、友だちを通して同じ達成感を得る能力があるのだと思います。それに、友だちができるようになれば、コツを教えてもらって自分もできるようになりますしね。教えてもらってできるようになると、教えた子も同じくらいうれしい。その結果、さまざまな能力が何倍にも伸びていくのです。

トラブルは絶えないかもしれません。友だちにからかわれて泣いて帰ってくることもあるでしょう。そのことも全部ひっくるめて、遊びの価値なのだと受け止めていただきたいのです。

子ども時代にとことん遊び尽くした子は、心の中に溶鉱炉のようなものができるのではないかと思います。「大変さ」を溶かし込んで「遊び」に変えていく溶鉱炉です。

社会に出ると、エネルギッシュでパワフルで元気いっぱいな人、仕事を遊びのように楽しくこなす人と出会うことがあります。彼らは総じて魅力的です。どんな仕事でも、たったひとりでできる仕事はありませんから、魅力的な人と組んで仕事がしたいと思うのは当然のことです。そんな人間的な魅力は、子ども時代の遊びの中で作られるのではないでしょうか。

そして子ども時代にとことん遊んだ子は、13～14才頃になると「そろそろ勉強しようか」と思うようになります。たくさんハイハイした赤ちゃんが、ある日突然歩き始めるように、自然に次のステップに移るのです。

ルール4　キャンプとたき火を体験させる

●できるだけ自然の中に連れ出そう

「問題児」が持つＡＤＨＤ的な能力がその力を発揮するのは、自然の中です。たとえばＰａｒｔ1でもお話ししたように、狩りの場では高い威力を発揮します。

それだけではありません。農業、漁業といった自然相手の仕事はすべて「問題児」向きなのです。座りっぱなしなんてことはありませんし、不測の事態に備えてさまざまなところに注意を向ける必要があります。自然の繊細で多彩な変化は、私たちを飽きさせません。

もちろん、「問題児は農家や漁師や猟師になれ」と言っているわけではありませんよ。このような体験の中から得られるものが数多くあるということを、ぜひ知ってほしいということです。

現代の家庭でそれが手軽に体験できるのが、キャンプであり、たき火です。

皆さんは、キャンプやたき火、した経験がありますか？　ない？　だったらハードルが高いと感じるかもしれません。しかしぜひ一度、いえ何度でも体験していただきたいのです。自然の中で「問題児」たちの目は、驚くほど輝きます。そして親の指示を適切に受け止めて、いきいきと動くようになるはずです。これは実際にやってみなければわからないことです。

●失敗をたくさん重ねて新しい発見をする

私たちの生活には、火や水が欠かせません。日常生活の中で見逃されているその重要さを、キャンプ生活では実感できます。川から水を汲むとき、その重さを体感します。火をおこすのは簡単ではないし、せっかくつけた火も目を離すと消えてしまいます。そこにいるひとりひとりががんばらなければ、ごはんを食べることも、明かりを手に入れることもできません。

ここで大事なのは、親のかかわり方です。どんな小さなことでもいいので子どもに責任ある役割を与えて、できるだけ手出しせずに見守ってください。

失敗することはあるでしょう。飯盒でごはんがうまく炊けなかった、せっかく運んだ水を全部こぼしてしまった、洋服が泥だらけになってしまった……。でも、それが危険につながらないかぎりは、失敗を重ねることが非常に大事なのです。失敗は成功の母。そのうち「お、そんな方法があったのか」と、思いもよらない方法を見つけるかもしれません。

自然の中での行動にマニュアルはありませんから、マニュアル行動が苦手な「問題児」にとっては活躍のチャンスがたくさんあります。うまくいったら、たくさんほめてあげたいものです。

●たき火には、人生に必要なすべてが詰まっている

自然体験の中でももっともお勧めしたいのが、たき火です。「は？　たき火？」と思うかもしれませんが、実は非常に奥深いのです。

キャンプ場ではたき火用のまきが買えるので、手軽に楽しめます。でも「問題児」は、ただたき火をするだけでは満足しません。「この枝は燃えるかな？」「この葉っぱを入れたらどうなる？」と、絶えず落ち着かずに実験を繰り返すことでしょう。そのうち「これはすぐ燃えるけれど、火のもちが悪い」などと気づき始めます。「今度やるときは、まきを買うんじゃなくてたきぎを集めよう」と言い

出すかもしれません。

そうなればしめたもの。今度は、材料を集めて火をつけるところから始めてみましょう。石を組んでかまどを作り、空気が入るようにすき間をあけてたきぎをくべていくと、火はどんどん大きくなります。ここに鍋をかけて何か調理してもいいし、焼き芋をするのもいいですね。

もっとも楽しいのは、たき火を見つめることかもしれません。火はじっと見つめていてもけっして飽きることがありません。どんなに落ち着きのない子でも、たき火を見つめ続けることができない子などいません。そして、不思議なほどに心を平穏にしてくれます。これが人類誕生のときから私たちに力をくれた、火のエネルギーなのだと心の底から感じます。

「問題児」と大人との会話の多くは、指示か、命令か、ケンカごしか、そんなものです。でも、炎の前でそれはありません。親子の穏やかな会話が減っていると思うときほど、たき火を囲むことが重要だと私は思います。

●「問題児」だからこそ、目いっぱい五感を鍛えよう

私自身、人より少しだけ抜きん出ていると感じる能力があります。それは感受性です。感性、ともいえるかもしれません。

たとえば骨董屋に皿が10枚並んでいたとします。1枚だけ選ぶとき、必ず一番価値があると思われる皿を選ぶことができるのです。人と話していると「この人はこういうタイプの人だ」と、瞬間的にわかります。「なぜ?」と聞かれても説明できないのですが、それが感性なのだと思うのです。

私が教えている生徒の中の「問題児」にも同じ力を感じることがありますが、そうでない子も多いのです。その違いは、もともとの素養だけでなく、自然体験の有無によるものも大きいと感じます。

山や森の中に満ちている耳には聞こえない音波、木々や葉が放つ生命の香り、空気の湿度や温度、そういうものの中に身をさらすことで、五感で認知する能力が高まるのではないでしょうか。

わが子の能力を高めたいなら、ぜひとも自然の中に子どもを連れ出しましょう。「時間がない」「余裕がない」などと言っている場合ではありません。

ルール5　子どもがおもしろがる本を与える

●本さえ読んでいれば大丈夫

「問題児」たちは、基本的にオクテです。入学するときにひらがなが読めなかったり、九九がなかなか覚えられなかったり、英語の教室に通わせてもチンプンカンプンだったりします。

「えー？　どうすればいいの？」と嘆く必要はありません。待てばいいのです。時間とともに必ず追いつきます。「問題児」はエネルギッシュですから、その気になったときの追い上げ力はものすごいのです。ここは信頼しましょう。

ただし、早い段階で絶対に身につけておきたいのが「日本語了解能力」です。日本語を用いて物事を理解し、表現していく力を、私は日本語了解能力と言っています。国語力と言い換えてもかまいません。これが学力の土台であり、頭のよさの最重要条件です。

英語以外のすべての授業は日本語で行われますし、大学受験では今後ますます記述力が問われてきます。そもそも大学という教育機関は、先生の話を聞き、その著書を読み、理解し、自分で論文をまとめることができなければ話にならない世界です。理系だろうが文系だろうが、この能力は必須です。

しかし、この日本語了解能力というのは、そう簡単に身につくものではないのです。何をすべきか？　それは、本を読むことです。そして「本を読むっておもしろい」と思わせることです。

●高い学力を持つ子ほど、読書体験が豊富なのだ

私の経験でも、高い学力を持つ子は幼い頃から非常に多くの本を読んできています。「読書貯金」とでもいうのでしょうか。貯金がたっぷりある子は、中学生くらいから成績がどんどん伸びます。学力の先行投資のようなものです。

文字が読めるようになる前は、親が読み聞かせをするのがいいでしょう。読み聞かせをすることで、日本語の音が脳に入っていきます。自然に言葉を知り、日本語のリズムを学んでいきます。特別なことを何もしなくても、自然な流れの中で日本語を認識できるようになっていきます。

そして年齢とともに「本を読むのは楽しい」ということを知ります。読んでもらうのも好きだけれど、自分でも読みたいと思うようになります。そうなったらしめたものです。

図書館に連れていき、興味のある本をどんどん借りてきましょう。「本だったらなんでも買ってあげるよ」と伝えて、書店で本を選ぶ楽しさも伝えてあげたいものです。お金は多少かかりますが、幼児教室や塾に行かせるよりはるかに安くすみます。

●幼児期には「音」を聞かせる、寝転んで聞かせる、何度も聞かせる

「読み聞かせしようと思っても、全然ダメなんです。すぐにちょろちょろしちゃって」と言う方がいますね。そりゃそうです。「問題児」たちは、つまらないと思ったらすぐに飽きてしまう生き物ですから。

ちゃんと聞かせる方法はひとつだけ、興味を持つような読み方をすることです。

私はおそらく日本で一番音読をしてきた指導者だと思います。幼児や小中学生はもちろん、高校生や大学生、大人たち相手にもさまざまなジャンルの読み聞か

せをしてきました。もう、読みまくりです。

そのとき私は、相手の注意をそらさない読み方を必ず実行します。それは、一音一音、はっきり聞かせることです。

「む、か、し、む、か、し、お、じ、い、さ、ん、と、お、ば、あ、さ、ん、が、す、ん、で、い、ま、し、た」

口をしっかり開けて、意識して音を区切り、すべての音を同じ強さで発音します。「てにをは」や「いました」まで、しっかり一音ずつ、子どもの心にしみ込ませるように読むのです。

「なんかヘンじゃないですか？」と言う人もいますが、まぁやってごらんなさいって。「先生の言うように読んだら、落ち着きのない息子が集中して聞くようになりました」と言われるんですよ、これが。「問題児」たちはすぐに注意がそれるので、すらすら読まれると聞き取れないのかもしれません。

なかなか集中しない子に最適なのは、いっしょにあおむけに寝転んで読むことです。天井いっぱいに絵の世界が広がるうえに、親にくっついているという安心感があります。

「問題児」には、ハマりやすいという特性もあります。大好きになった本は「また読んで！」と何度でも持ってくるかもしれません。「えー？　また？」なんて言わないでください。やがて子どもはその本を暗記してしまうことでしょう。文字が読めないのにそらんじてしまうのは、その本が子どもの心に「入った」という証拠。日本語の能力はぐんと向上します。

●子どもの本は、効果を求めて選んではいけない

親が陥りがちなのは、勉強に役立ちそうな本や品のいい名作を読ませたくなることです。子どもを本好きにするには、その子が読みたいと思う本をけっして否定しないことです。野球が好きなら野球にまつわる本、料理が好きならおいしそうな食べ物が出てくる物語、なんでもいいのです。推理小説でも、ギャグ満載の本でも最初はかまいません。

そのかわり、本棚には「良質な本」も並べておきましょう。具体的には世界の名作と呼ばれている本や昔話、図鑑などの資料本です。

私が家庭教師をしているご家庭で、子どもの教育が順調にいっていると思える

おうちでは、本棚にそういう本が必ず並んでいました。「読んだの?」と聞くと、「最初は興味がなかったんだけど、暇なときに読んでみたら、めっちゃおもしろかった」と言うのです。これぞ、時代をへて読み継がれてきた名作の力です。

そして大切なことは、本を読むのを強制しないことです。「問題児」は他人に強制されることが大嫌いですが、「おもしろそう」には食いつくのです。

もしも読ませたい本があるなら、親が先にその本を読み、いかにおもしろい本だったかを熱く語りましょう。本というのは、誰かに勧められると読みたくなるものですよね。

皆が集まるリビングには、小さくていいので本棚を用意しましょう。子どもの本だけでなく、親が読んでいる本、これから読む本、読み終わった本などを並べておくのです。そして本を読む姿を見せ、夕食の席などで「すっごくおもしろかった」と、読んだ本をネタにして会話しましょう。「読書は一生の友である」ということが、子どもにも伝わるのではないでしょうか。

ルール6　ゲーム、スマホを与える時期はなるべく遅くする

●与えたらまずいということに、与える前に気づけ！

どんなに外遊びをさせたくても、どんなに読書をさせたくても、そこにテレビやゲーム、スマホがあればもうおしまいです。

スイッチを押すだけで向こうから情報や娯楽が入ってくるこれらを、私は「スイッチ系ツール」と呼んでいます。人間の時間を食いつぶす道具です。

現代の子ども社会の中で、ゲームやスマホはなくてはならないツールなのかもしれません。将来に向けて、コンピュータの扱いくらいはできるようにしておかなくては、という考えにも一理あると思います。しかし、です。

「問題児」の多くは、「一般人」の子どもたち以上に、これらのスイッチ系ツールにハマりやすいのです。どっぷりつかってしまい、戻ってこられなくなる子が多いのです。与えると、やりっぱなしです。

「本当はやらせたくないんですけど、どうしようもなくて」と、ゲームを止めら

れない理由をアレコレ並べ立てるお母さんは多いものですが、本当にそれでいいんですか？

お子さんは、ハマりやすいんです。そして抜け出せない子なんです。

麻薬とか、ギャンブルとか、ポルノだったら、なんとしてでも止めるでしょ？

与える悪影響が同じなんだから、ここはなんとかしなくちゃいけないんです。

●ゲームを与える場合は、少しでも遅く

幼少期にハマるのは、やはりゲームでしょう。特に男子です。

ゲーム業界は、ひとつのゲームソフトの開発に考えられないほどのお金を投入しています。ありとあらゆる頭脳や芸術的センスをつぎ込み、人間が「やりたくてたまらない」「やり始めたら止まらない」と思える作品を生み出しているのです。とんでもなく魅力的な「破壊兵器」です。

そんなものを子どもに与えたら、ひとたまりもありません。即座に夢中になり、途中で止めるには途方もないエネルギーが必要です。外遊びの時間はなくなるし、本なんて見向きもしなくなります。子ども時代にしておきたいことのすべてが、

できなくなってしまうのです。

最近の親たちもゲーム世代です。パパがゲーム部屋を持っている、というご家庭もあるかもしれません。私にしてみたら非常にバカバカしい趣味ですが、大人相手には何も言いません。ギャンブルでも、パチンコでも、ゲームでも、お好きなようにやってください。お仕着せの遊びは自分を高める原動力にはならない、とわかっていてやっているのでしょうから。

でも、子どもはこれから成長するのです。彼らの持っている時間は、自分を高め、頭をよくしていくためにあるのです。それを企業の金もうけのために作られた娯楽で浪費するのは、あまりにもったいない。

この問題を解決するために、多くのご家庭で「ゲームをする時間を決める」というルールを作っているはずです。30分とか、1時間とか、平日はダメだけど週末はやっていいとか。

でも、「問題児」たちにそれはむずかしい。いったん集中したことを途中で止める力が弱いからです。

一番いいのは、与えないことです。

しかし実際には、子どもにいっさい与えないというのもむずかしい時代です。方法のひとつは、できるだけ与える時期を遅くすることです。半年でも1年でも、少しでも先延ばしにする。その間に「問題児」も成長しますから、時間とともに多少なりともルールを守れるようになっていると期待しましょう。

●テレビはリビングから追い出そう

子どもをスイッチ系ツールから守るために、もっとも大事なことがあります。それは、親がスイッチ系ツールから離れることです。少なくとも子どもの前では。第一歩として、リビングからテレビを追い出してください。必要なら寝室において、必要なときだけスイッチを入れてください。リビングは家族で会話をしたり、本を読んだり、勉強をしたりする場として確保したいものです。

もしも父親がゲーム人間なら、せめて子どもの前ではやらないでいてほしいと思います。そして子どもには、母親からこう説明しましょう。

「お父さんはちゃんと仕事をして、家での自由な時間にゲームをしているんです。仕事に差し支えるようなことはしていない。でも、あなたはまだ子どもで、自分でお金を稼いでもいない。宿題もある、外で遊ぶことも非常に大切。お酒やタバコが20才まで禁じられているように、ゲームも大人になるまでは待ってほしい」

ただし、子どもは外でやります。友だちの家でコントローラーを手放すことができなくなって、非難されることでしょう。「あー、あいつは親がゲームを買ってくれないんだよなぁ」なんて、あわれまれるかもしれません。

でも、それはしかたがない。家でやらないだけマシと割り切るしかない。そして「もうこれ以上は引き延ばせない」と思った頃、たくさんの約束やルールを決めて嫌々ながら買う、そういう流れです。

スマホも同様です。与えるのは極力遅くしましょう。どうしても持たせる必要がある場合でも、子ども時代はキッズ携帯で十分です。

ルール7　しつけは端的に。宝くじに当たるつもりで取り組む

●「待て」と「ダメ」は短くきっぱり

さて、「問題児」にどうやってしつけをするかは悩むところだと思います。朝から晩までどなり続けても、あまり効果はありません。でも、この本をお読みの方のお子さんがまだ非常に小さいのであれば、いい方法があります。

「待て」を教えることです。

「待っててね〜」ではなく、短く、きっぱり「待て」です。耳に単語が飛び込んでくるように言うのがコツです。言っちゃなんですが、犬のしつけと同じです。

「いただきます」を言う前に食べ始めようとしたら「待て」。つないだ手を払って走り始めそうになったら、体を押さえて「待て」。「待て」と言われたら、動いてはいけないのだと刷り込むのです。

次は「ダメ」です。熱いポットにさわろうとしたら「ダメ」。人のおもちゃを奪い取ろうとしたら、その瞬間に「ダメ」。

注意したいのは、「ダメ」の場面を厳選することです。「問題児」は3分おきに何か気に障ることをしますが、「あーもう、ダメダメダメ！」と四六時中言っているようでは、ダメダメです。子どもには「ダメ」がBGMにしか聞こえていません。

親にとって本当に止めさせたいことを吟味して、「なぜダメなのか」の理由も合わせて伝えます。「冷蔵庫を開けっぱなしにしておくと、中のお肉が腐って食べられなくなる。だからダメ」「窓を開けっぱなしにしていると、蚊が入ってくるよ。ダメ」と。子どもに「ああ、本当にダメなんだ」と納得させることで、ダメな行動を丁寧につぶしていくのです。

●何度も言われるうちに「あ！」の瞬間が訪れる

「何度言っても聞かない」とお悩みの親御さんは多いと思いますが、すみません、同じことを何度も何度も何度も言い続けてください。

「問題児」は、「やれ」と言われるのが嫌いです。頭の中にやりたいことがギュウギュウに詰まっているので、「やれ！」が入るすき間がないのです。

じゃ、言うだけムダ？　いえいえ、そうではありません。何度も言われ続けているうちに、あるとき突然に「あ、そうか！」とお説教がアタマの中に入り込む瞬間が訪れます。何度も言うことで少しずつしみ込んでいくと思いがちですが、残念ながらそれは違います。言われても言われても、そのときは完全にスルーしていますから、まったくしみ込みません。

そうではなく、言われ続けるうちに「あ、そうなんだ！」と耳に届く瞬間があるのです。宝くじを10年間買い続けたら2000円当たったとか、そんなレベルの確率ですが、ヒットする場面が必ずあります。その瞬間がいつ来るかはわかりません。だから言い続けなくてはいけないのです。

でも、誰だってそうじゃありませんか？　何度も言われていることが、あるときハッと理解できることがあるはずです。「問題児」は、それがちょっと度が過ぎているだけなのです。

●片づけのすばらしさを教えよう

ＡＤＨＤタイプの脳は「片づけられない脳」ともいわれています。彼らが片づけられないのは、宿命なのでしょうか？　私はそうは思いません。どんな子でも、「きれいに片づいた状態は気持ちがいい」と感じることはできるからです。

片づけを、ぜひ「問題児」のしつけの柱に据えましょう。ここはさぼっちゃいけません。

片づけの習慣が身につくと、将来自分のデスクをきれいに使うことができます。デスクがきれいだと、学習効率がウルトラ級に向上します。「勉強する気になったのに教科書がない」「問題集を解いたけれど解答がない」など、ささいなことで学習意欲を失いがちな「問題児」にこそ、重要なのです。

では、どう教えるのか。理想を言えば、スタートは幼児期です。リビングの一部に子どもスペースを用意して（ラグマットを敷くだけでもいい）、その子が管理すべきおもちゃや道具を用意します。多すぎてはいけません。その時期の旬の遊び道具をきれいに配置し、遊んだらそこに戻す作業を親子でやるのです（いっしょにやらないとできません）。毎回、例外なく繰り返します。そして「片づいた。気持ちいいね」と伝えます。「これが完成形」と脳に覚えさせ、そうでなければ気持ち悪いという感覚を身につけさせるのです。

小学生くらいになったら、それを学習机や子ども部屋で同じように繰り返します。次第に親の目が届きにくくなりますが、週1回、たとえば日曜日の午前中は部屋をきれいに片づける習慣をつけるところまでもっていってください。

●リビングとダイニングのテーブルをつねにきれいに

当然のことですが、子どもスペースや子ども部屋だけがきれいに片づいているということはありえません。リビングも玄関も廊下も、基本的に片づいていることが大前提です。

逆に言えば、親が「きれいな部屋で暮らしたい」と心から願っていて、それを実践していれば、子どもも片づけるようになります。どんなに「問題児」でも、親が決意していればなんとかなるものです。

ダイニングテーブルの上に、いつもごちゃごちゃ何かがのっている状態ではありませんか？　玄関に「今日はいったい何人お客さまがお見えですか？」というくらい靴があふれてはいませんか？

まずはそこを片づけて、そして片づいた状態を保ってください。

特にリビングやダイニングのテーブルが片づいていることはとても重要です。子どもが「パズルしたい」「絵を描きたい」「勉強したい」と思ったときに、さっと取り組めるからです。

●やるべきことは書き出して貼る

文字が読めるようになったら、忘れてはいけないことを書いて壁に貼るのが効果的です。「問題児」たちは、言葉で指示されても右から左に聞き流してしまいますから、視覚に訴えるのです。

学校から帰宅したら必ずやることを、具体的に書いて貼っておきます。①手を洗う、②うがいをする、③連絡帳とプリントを出す、④宿題をする、⑤おやつを食べる、⑥遊びに行く、というように。③の連絡帳を出す場所も決めておき、かごなどをおいておくと目印になります。

塾や習い事に通うようになったら、曜日別に作ってもいいですね。カレンダーに「今日やること」をそのつど書き出すようにするのもいいでしょう。

こうしたことは、親が長いこと手伝う必要があります。本人が「もう自分でできる」と言うまでは、つねにサポートが必要だと思ってください。

最終的には、子どもが自分でこんなメモを作れるようになるのが目標です。

〈今日やること〉数学問題集P14～20、英単語2ページ分、漢字ワーク①②、ノートを買う、金魚のエサ、おばあちゃんにお礼のメールを打つ

高校生くらいでこれができるようになれば、立派なものです。

やるべきことを書き出すメリットはふたつあります。ひとつは、行動の優先順位がわかるということ。最近の子どもは中高生はもちろん、小学生も本当に忙しく、時間に追われています。通学、部活動、塾、読書……。ラインやメールのやり取りにも、大変な時間を使っています。でも、メモに書き出すとやるべき行動が可視化されて、優先事項が見えてきます。英語の勉強が嫌になったら、金魚のエサを先にやる。これでひとつ消せるわけです。「あと数学が残っているけど、眠いから朝5時に起きて終わらせよう」などと、時間のコントロール力も身についてきます。

もうひとつのメリットは、「頭の中にある、なんとなくボンヤリしたもの」を洗い出す習慣がつくということです。後述しますが、このスキルは、小論文を書いたり面接で自分の考えを伝えたりするうえで、大変役立ちます。アタマがよいというのは、漠然としたものを具体化できる力なのです。

ルール8　運命の人を探せ

●いい指導者は学校以外の場所にいる

「問題児」を育てていくうえで、運を引き寄せることは非常に大事なことです。どんな運か？　それは、いい指導者と出会う運です。

残念ながら公立の（私立も同様ですが、ここではあえて公立に限定します）小中学校で「問題児にとっていい先生」に出会う確率は、非常に低いと言わざるをえません。

それは、彼らが公務員だからです。一方的な偏ったイメージといわれるかもしれませんが、公務員は基本的に前例破りを好みません。出るクイはどんどん打ちます。できるだけ前例に従い、ことを荒立てず、目下の者には「言うことを素直に聞く」ことを求めます。さらに、教員採用試験を受験してちゃんと合格しなければ教師にはなれないのですから、まじめで勤勉な人が多いはずです。

まぁつまり、「問題児」とは対極にある人たちだということです。「問題児」はだいたいの場合、彼らに迷惑がられ、嫌われます。もしも学校ですばらしい先生と出会えたなら、それは宝くじに当たったようなものだと思ってください。めったには当たりません。

いい先生は、学校の外で探さなければいけないのです。

習い事だとか、地域のおじさんだとか、塾だとか、家庭教師だとか、ボーイスカウトだとか、読み聞かせボランティアだとか、ありとあらゆる場所で、「もしかしたらいるかもしれない、いい先生」を探すことが親の仕事です。

いい出会いは、「問題児」の可能性や未来を開いてくれます。人生を大きく変えます。まさに運命の人です。

●かつて「問題児」だった指導者を探せ！

「問題児」にとってのいい先生とは、どんな人でしょうか。大前提としては、「なんでできないんだ⁉」と言わない人です。

言うんですよね。ほとんどの先生が言うんです。言われたってできないのに。できない理由は自分が一番知りたいのに。塾や習い事の場合は、できるようになるために高いお金を払っているのに。「なんでできないんだ！」と言う先生がいる塾や習い事なんて、即座に止めるべきです。

レベルの低い指導者は、相手がどんな子であろうと自分のやり方を押し通し、ついてこられない相手を非難します。それでできるようになる子もいますが、「問題児」は傷つくだけです。わざわざお金を払って出かけていって、そんな思いをする必要はまったくありません。

いい先生は、「問題児」の扱いがなんとなくわかっています。理想は過去に自分が「問題児」で、それを乗り越えた指導者です。いっしょに遊んで、少しふざけて、おもしろがらせる空気を作りながら、「お前のことはよくわかっているよ」と暗黙のうちに子どもに伝えることができるからです。そのうえで、ダメなことはダメだと伝える。すべきことはすべきなのだ、と譲らない。

「問題児」は、そういう人の言うことしか聞きません。そして一度信頼すると、その人から非常に多くのことを吸収できるのです。

●地域の行事には積極的に顔を出そう

優れた指導者と高確率で出会うために、子どもが幼い頃から「うちの子を夢中にさせてくれる人」を探す習慣をつけましょう。

たとえば地域の図書館では、読み聞かせの会や、紙芝居の会なんかをよく開いていますね。頻繁に出席していると、天才的に読み聞かせがうまいおばあちゃんがいたりします。そういう人との出会いが、本のおもしろさを知るきっかけになったりします。あるいは、公民館の工作教室に、子どもを夢中にさせる作品を作るおじさんが来ていたりします。それが子どもの工作好きに火をつけるのです。

親は、そのときの子どもの目の輝きや、夢中になっている姿をちゃんと見てください。ものすごい集中力を発揮したり、心のふるえるような感動に涙ぐんだりしています。そういう姿を心に焼きつけておくと、たとえば子どもに習い事をさせようと思ったとき、「この教室なら、きっとこの子は楽しめる」「この先生とだったらウマが合う」とピンとくるようになります。塾選びや家庭教師選びの指針にもなります。

地域の行事や体験学習会には、どんどん参加しましょう。お祭りとか、○○川ウォークとか、広報紙にはいろいろなお知らせがのっています。あちこちに顔を出して、やたらと魚に詳しいおじさんに素手で魚を捕まえる方法を教わったり、子ども好きのお姉さんに甘えたり、いろんな出会いがあって刺激を受ける。そういう場所に家族で出かけていくのをためらわないことです。

●習い事は、長く続けさせることに執着してはいけない

日本人は「ひとつのことを嫌でもやり続ける」ことに価値をおきすぎる傾向がありますが、子どもの習い事や塾に関しては、まったく意味がありません。習い事がわが子に向いていない、先生が合わないというときには、ためらわずに止めていいのです。

私自身は子どもの頃に、いったいいくつの習い事をしたのか覚えていないほどです。何をやっても長続きしませんでしたが、ボーイスカウトと水泳は好きでした。ボーイスカウトでもちょろちょろ動き回って叱られるのですが、水を運んだり、ロープを結んだり、やることがいろいろあるから楽しいんです。自然の中での活動というのも魅力的でした。水泳は、水に入ればもう集中するしかないのがよかった。わき見をしていたらおぼれます。泳げるおかげで、いつも2だった体

育の成績が、2学期だけは3になりました。

一度やり始めたことは最後までやり通す！とこだわりすぎると、自分に一番合うものがなんなのかがわからないままになる可能性が高い。最初に習ったものがその子にとっての運命の趣味なら別ですが、つまらないものを続けることほど「問題児」にとってつらいことはありません。

嫌なら止めていいんだよと伝えておきましょう。逆に、親の目から見てちっとも上達していなくても、本人が好きで続けたいなら止めさせないことです。習い事を通じて得られた趣味は、その子の一生の友になるはずです。

青春の鬱屈。母の涙を想像して自殺を思いとどまる

高校に入学してしばらくの間、私は調子に乗っていました。自由な校風、男女共学、そしてかつてないほどおもしろい友人に囲まれ、平日は部活、休日は繁華街で遊び、いろんな意味で人生勉強をしました。当然、本業の勉強には力が入りません。試験前だけがんばってなんとかなるほど高校の勉強は甘くはなく、再び劣等生へと逆戻りしました。

一方で、この頃から観察眼が冴えわたり、誰が誰を好きか、両想いか否か、カップルが何カ月で破局するかなど、ほぼ言い当てるようになっていました。そして17才のある日、その観察眼が自分へと向かいました。そして私は、自分に深く幻滅することになります。自分の薄っぺらさ、価値のなさ、つまらなさに気づいてしまったのです。

自分には存在価値があるのか？　いや、ない。死を決意し、死に方も死ぬ日時も決めました。でも、死ねなかった。母の嘆く顔が思い浮かんでしまったからです。

私はだんだん学校に行けなくなり、家に引きこもるようになりました。そんなとき、手を伸ばしたのが哲学書でした。読んでもよくわからないけれど、心ひかれるものがあったんですね。それで、大学は哲学科に進むことにしました。父は「うちはそんな贅沢な学問させられる家じゃない」と言いましたが、認めてくれました。すみません、さらに２浪・１留しちゃうんですが……。

浪人中に、岩波文庫の『般若心経』と出会いました。著者が東京大学のインド哲学の先生だと知り、本気で東大を目指したのですが、２浪しても合格できませんでした。結局、慶應大学の哲学科に入りましたが、そのあとに知ったのです。慶應ではインド哲学を学べない、ということに。「駒澤大学に入学すればよかった」と心から後悔したことを覚えています。

Part 3

「ズバ抜けた問題児」をぐいぐい伸ばす勉強法

「勉強はおもしろい！」と思わせるために

●勉強はおもしろくなくてはいけないのだ

「問題児」の大先輩、発明王エジソンはいみじくもこう言いました。

「楽しみながら学ぶのがベストだ」と。

ノーベル賞を受賞した科学者の方々も、似たようなことを言いますね。その研究が大好きで、無我夢中でやってきただけだったと。その結果、誰も到達できない高みに立っているのです。それが本来の勉強＝学問です。

でもね、多くの「問題児」にとって、勉強はつまらないし、つらいものです。おもしろいと無我夢中になっちゃう彼らですが、今の教育システムではそういう気持ちになるところまでなかなか達しません。30人から40人が詰め込まれた教室で、おとなしく座っていることにエネルギーの大半を使っているのだから、無理もないことです。

では、どうする？　ひとつは、学校の外でおもしろく勉強を教えてくれる人を探すことです。「運命の人」です。たとえば、ワタシ（笑）。

初めて会う子には、私はこんなふうに話します。

「私はきみの成績を上げるための先生じゃないんだ。きみのアタマをよくする先生だ。きみはアタマがよくなる方法を知りたいかい？」

これにノーを言う子はいません。次に「じゃ、アタマがよくなるためになんの遊びをしようか」と持ちかけます。「遊ぶの？　勉強じゃないの？」と子どもは怪訝な顔をしますから、こう言います。「勉強も、パズルも、ボードゲームも、音読も、暗算も、アタマをよくするものだから同じなんだよ。どれからやる？」と。どれからやる？と聞かれると、子どもは自分で選びます。ここが大事なんです。自分で選んだことですから、文句を言わずにやります。

私は遊ばせながら子どものアタマを働かせるプロなので、やり始めると子どもは夢中になります。子どもといっしょにパズルをしたり、けん玉をしたり、ボードゲームをしたり。一段落したら休憩などは与えずに「じゃあ、今度は何をやろうか」と次に移ります。音読、サイコロを使った暗算、あっという間に2時間がたちます。集中しているので、時間がまたたく間にすぎるのです。子どもは自分の集中に驚き、そして「また来る！」と言って帰っていきます。

●伸びる時期に伸びられるよう、後れをとらない状態にしておく

ポイントはふたつ。おもしろいことをいっしょにやるんだぞ、というムードを漂わせること。そして何をするかは、子どもが自主的に選ぶことです。

この2点があれば、子どもは勉強します。しかし現実の勉強には、この2点があまりに不足しています。塾や教室で子どもの目を輝かせてくれる先生がいれば、その人に託すことができるでしょう。でも、見つけられない場合には、親がやるしかありません。

12〜13才までは、勉強に血道を上げるよりも遊びが大切です。ただし、「勉強しようか」という時期になったときに後れをとらない状態にしておく必要はある。それは、コンプレックスを抱かせないという、「問題児」育てのルール1にも通じるものです。

この章では、「問題児」がおもしろく・自主的に勉強しようとするためのヒントをご紹介します。楽しくおもしろがって勉強ができるよう、わが子に合わせて

アレンジし、新しい学びを目指してください。

国語編……国語力はすべての勉強の基礎である

「問題児」の能力を引き出し、アタマのいい子に育てたい。そう思ったときに、まず伸ばすべきなのは国語力です。

「国語力？　そんなの算数や理科に関係ないじゃん？」と思ったアナタ、今すぐ考えを変えてください。「勉強ができる」というのは、「日本語の理解力が高い」というのと同じ意味です。数学だろうと理科だろうと、日本ではすべて日本語で学びます。どんなに計算が速くても、出題の意図が読み取れなければ問題は解けません。全教科に役立つ国語力が、まずは必要なのです。

【音読】「一音一音はっきり音読」で国語力の土台を作ろう

「つ・れ・づ・れ・な・る・ま・ま・に、ひ・ぐ・ら・し、す・ず・り・に・

む・か・い・て」（徒然なるままにひぐらし硯に向かいて／『徒然草』）

とまぁこんなふうに、古典の文章を声に出して読んでみてください。まずは、お父さんやお母さんが、です。リビングに立ち、背筋を伸ばして、一音一音はっきりと、大きな声で、腹式呼吸を意識してやってみるのです。

おや？　おたくの「問題児」が興味を示しましたね？　恥ずかしがらず、あなたの音読を聞かせてあげてください。早口にならず、短縮化せず、妙な強弱や抑揚をつけず、愚直に一音一音区切って読むんですよ。「問題児」はやりたがりですから、自分でも読みたがるかもしれません。そうしたらぜひ、まねをさせましょう。意味を教え込んだり、時代背景を解説したりする必要はありません。星野源の『恋』が聞こえてくるとつい「恋ダンス」を踊ってしまうがごとく、古典の名作を通じて日本語本来の音とリズムをアタマと体にたたき込むのです。

日本語を使いこなすうえで大事なのは、助詞と助動詞です。特に「て・に・を・は」。これは理屈で学ぶものではなく、感覚としてつかむものです。そのためのテキストは、古典が最良です。日本語の土台ですから。

テキストを一音一音区切って読むことで、いつの間にか耳や脳が「これが正しい日本語のリズムだ。助詞の使い方だ」と認識します。そしてあるとき突然、正しい日本語として体の中に入ってくる感覚をつかむことができます。この気持ちよさは、実際に体験してみないと理解できないでしょう。

●音読させるなら『古今和歌集』『徒然草』『枕草子』

音読のテキストとしてもっとも適しているのが『古今和歌集』です。平安時代に編纂された和歌集ですが、これによって日本語が現在の言葉として整備されたと言っても過言ではありません。そのあとに書かれた『源氏物語』をはじめ、江戸時代の俳諧、明治時代の文学もすべて、『古今和歌集』によって整えられた日本語を基盤にして書かれています。

そのほか『百人一首』『徒然草』『枕草子』など、長く日本人の間で読み継がれてきた文章を読むことをお勧めします。これらの作品は中学校や高校の古文の授業でも習いますから、早めに親しんでおく意味でも役に立ちます。

これらの音読を続けると、ほとんどの子が日本語の成り立ちを体で覚えるようになります。すると、どういうことが起きるか。

書く文章が変わります。するすると読みやすく、リズミカルな文章が書けるようになります。文章がアタマの中に音で聞こえてくるようになり、それを書き写すというような書き方になります。

●国語力が高まると、物理だって得意になる

そうなればこっちのものです。日本語の成り立ちを体で覚えると、高校生になる頃には少し込み入った文章、いわゆる評論文のようなものも理解できるようになります。

私は子どもの頃から高校時代まで、国語が大の苦手でした。あまりにも得点が取れず、浪人時代に自分でこの音読方法を編み出したのです。

忘れもしません。音読法を始めて間もなく、いきなり国語の成績が急上昇しました。晴れて大学生になったとき、高校時代にまったく理解できなかった物理の教科書を読んでみると、どの問題も簡単に解けたのです。これには驚きました。あれほど意味不明だった物理の教科書の内容が、すいすい頭に入ってくる……。音読は、文系にも理系にも絶対にお勧めです。

しかも音読は「問題児」たちに最適な勉強方法です。黙って机に向かうのは苦手でも、声に出して読ませるとノリノリになることが多いものです。演じること、表現することが彼らは得意なんです。

ぜひとも、大きな声で朗々と読ませてあげましょう。すっかりハマり、読めば読むほど上手になるのが「問題児」たちのかわいいところです。そうなるかならないかは、親がちゃんと聞き、しっかりほめているかどうかです。

【漢字】10回書かなくても漢字は覚えられる!

私は漢字が覚えられない子でした。記憶力が悪く、字も汚いし、書くのも遅い。しかも多動で気が散りやすい。「ひとつの漢字を10回書け」と言われるのが苦痛でたまりませんでした。

そこで私は、自分で開発したのでゴザイマス。10回書かなくても覚える方法を。

①じーーーーっとよく見て1回だけ書く

漢字を、網膜に焼きつけるようにじっと見る。それからアタマの中でその文字の形をよみがえらせ、それを（アタマの中で）再びじっと見つめる。くっきりと像が浮かんだら、おもむろに一度だけ書いてみる。丁寧に。これでたいていの漢字は覚えられます。

②漢字の形を言葉で説明する

「日と月が並ぶと、明るい」とか、「山の上下が峠」とか。そんなふうに言葉で考えると、その文字の持つ成り立ちがわかってくるから理解しやすく、覚えやすいのです。

③漢字の成り立ちについて書かれた本を読む

『漢字なりたち辞典』のような本を読みます。たとえば「道」という字は、戦いに勝った人が敵の首を持って進んだことからきているなどと書かれています。「道」という文字がやけに恐ろしく感じられたりして、絶対に忘れられなくなるのです。

④覚えた漢字を使って遊ぶ

ひとつの漢字を覚えたら、そこから思い浮かぶ別の漢字を挙げてみる。たとえば「大」なら、反対の意味の「小」。あるいは「大」という文字の中に隠れれている「一」や「人」という漢字。覚えた文字を使って、熟語や短文を作るのもお勧めです。

いかがですか？　漢字を覚える方法は、10回書くだけではないのです。「問題児」は新しいことを考えるのが大好きですから、覚え方コンテストとして記憶法を考えさせると、思いもよらない斬新なアイディアを繰り出してくるかもしれませんよ。

【作文】メモをつなげれば、あっという間に作文になる

作文とは何か？　それは、自分のアタマの中に入っている雑多な記憶や考えの断片

親子で覚え方コンテスト！

を拾い集めて、つなげて文章の形にしたものです。

作文を上手に書くためには、まずアタマに浮かんだ言葉をひとつでも多く書き出す必要があります。これを観念抽出法と言いますが、アタマの中の連想的なイメージをどれだけ出せるかが重要です。

たとえば、遠足の作文の宿題が出たとします。ここで用意すべきは大きな紙です。親は真ん中に「遠足」と書いて丸で囲みます。そしてその周辺に、子どもが言った単語を拾って、どんどんメモしていくのです。どんぐり山公園、お弁当、おにぎり、卵焼き、噴水、おじいさん、おやつの奪い合い、足が長くてかっこいいお姉さん、手がドロドロ……。「ほかには何を見た?」「もうないの?」と、どんどん言葉を引き出します。最後に、「でさ、遠足はどうだったの?」「疲れたけどチョー楽しかった!」。紙の下にそれを大きく書きます。

次にそれをつなげます。テーマは「遠足はチョー楽しかった!」です。いろいろなことを書き出した紙を見ながら、使うエピソード、捨てるエピソード、感想を入れてふくらませるエピソードなどを選び取っていきます。

「4年生の遠足は、どんぐり山公園でした。公園の中には大きな噴水があって、

○○くんと水のかけ合いっこをしました。手がドロドロになって先生に注意されたけれど、手を洗ってからまたやりました。何度もやっていたら、そばを通りかかったおじいさんに「楽しそうだねぇ」と言われました云々……遠足は、とても楽しかったです」

紙に言葉を書き出してから作文にするのは、アタマの中で文章をひねりながら書くのにくらべて、圧倒的に楽なやり方です。しかも頭の中の情報を全部書き出してから凝縮しているので、内容が濃い。最初は「これを書き出しの言葉にしようか」「ここは同じ話だから削ろう」などと、親が手伝ってあげればいいのです。コツをつかむと、自分で書けるようになってきます。作文の名手の誕生です。

●「いい作文」には原稿料を支払う

さて、せっかくできたすばらしい作文、学校に出すだけじゃもったいないですね。いい文章は多くの人に読ませるべきです。

親がパソコンに打ち込んでメールやファクスで、おじいちゃんやおばあちゃんに送ってあげましょう。そうすると、「作文が上手だね」「天才なんじゃないか」

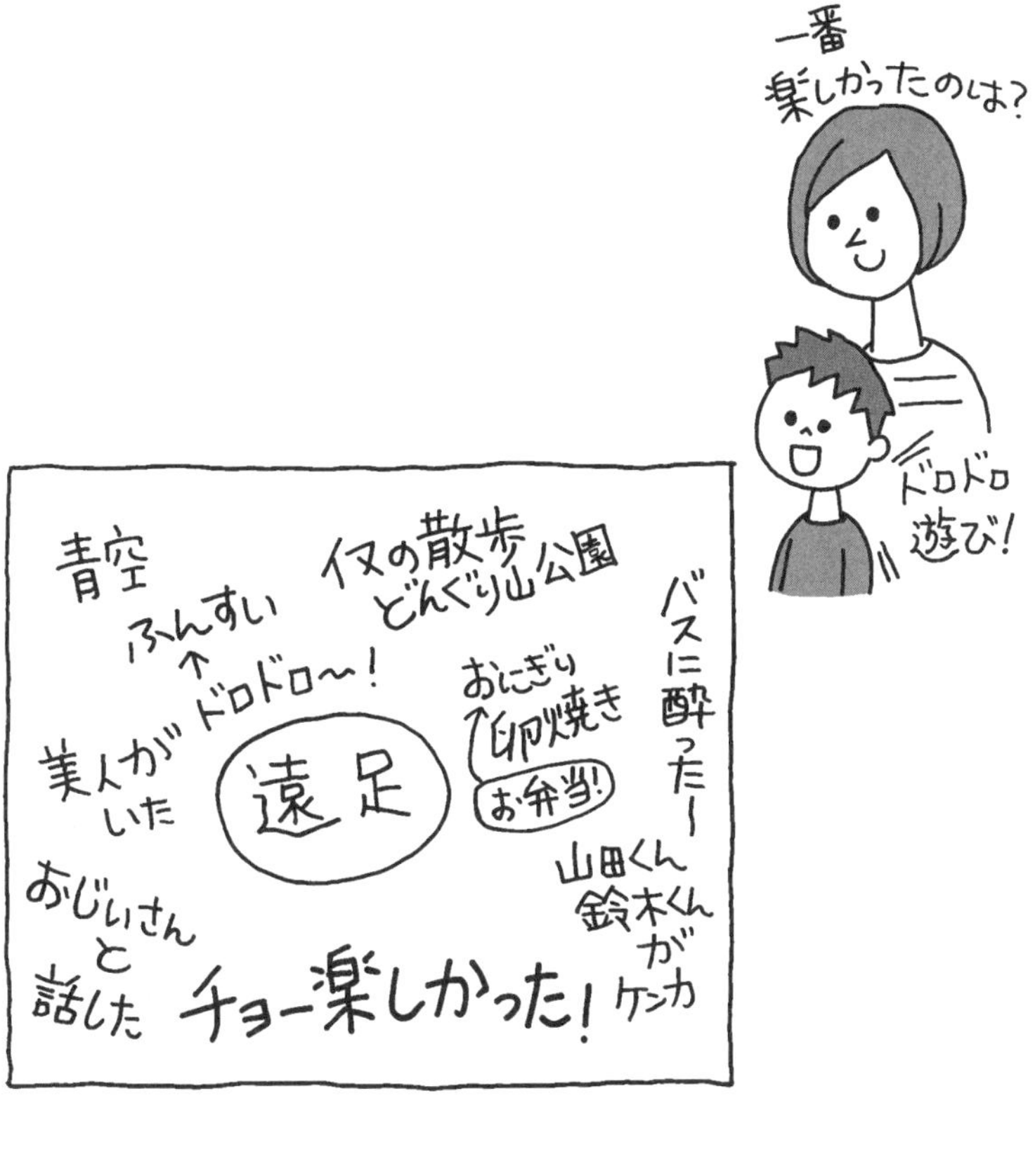

作文は情報をすべて書き出してから凝縮する

などと称賛され、もしかしたら図書券なんかが届くかもしれません。「問題児」くんは当然調子に乗って「オレ、もしかして作文得意なんじゃない？」と思ったりするのです。しめしめ。

作文力は、書けば書くほど身につきます。ここで親は、提案しましょう。「いい作文が書けたら、原稿料を払うよ。原稿用紙1枚で100円でどう？」

報酬制度が大好きなのも「問題児」の特徴ですから、これをやらないはずはありません。でも、ちゃんと言っておく必要があります。「つまらなければ、買い取りません」と。原稿とはそういうものです。

当然、おもしろいものを書こうとします。すると、子どもは一生懸命ネタを探すと同時に、ウソを書きます。「ネタを探すのはいいけど、ウソはまずいんじゃないの」ですか？　何をおっしゃる。作文の中のウソは「フィクション」あるいは「創作」といいます。ウソは話をおもしろくしようと思って出てくるものですから、大歓迎なのです。

「問題児」は調子に乗りやすいので、お金目当てにとんでもない枚数を書いてくる可能性もあります。万が一100枚書いてきたらどうしますか？　単価を引き下げる？　それではやる気をなくします。「塾に行かせた」と思って（いや、塾よりはるかに安いはずです）ちゃんと支払いましょう。

せっかくですから、この機会にお金の使い道や貯蓄について教えるのもいいでしょう。貯蓄のしくみを教え、「原稿料はどの銀行に預ける？　郵便局でも貯金ができるよ」など、金融機関を選ぶところから教えていきたいものです。

算数・数学編　サイコロとパズルで数学の土台を

社会の中で人にだまされることなく、ある程度の生活水準を維持していこうと思うなら、経済に無関心ではいられません。株式や投資信託を買う場合、経済学が多少でもわかっていないと大きな損をします。

この世は「お得ですよ」の話にあふれていますが、何がどうお得なのかを判断するには、算数や数学で得られる論理的な思考力が必須です。また、消費税を計算する、割引率を考えるなど、暗算力が必要になる場面は日常の中にいくらでもあります。「私は理数系、全然ダメ」などと言っている場合ではありませんよ。

【暗算力】サイコロを転がして暗算の達人になろう

日本の算数の授業は、基本的に筆算を学ぶ授業です。ドリルにズラリと計算問題が書いてあり、それを次々に解いていきます。

でも、なぜ筆算なんでしょうか？　手は思考のスピードに追いつけません。暗算ができるなら、その方がはるかに速いはずです。私は文字を書くのが非常に遅い子だったので、手の遅さが計算の遅さとイコールになって、算数が苦手になってしまいました。もったいない話です。

ソロバンならいいのでは？と思うかもしれませんが、ソロバンは「問題児」には不向きです。あんなものを持たせたら、シャカシャカ鳴らして遊んじゃう。あ、それは幼い頃のワタシです。

では、何がいいのでしょう。それはサイコロです。

サイコロを2個か3個、同時にコロンと転がして、出た数を足したり、引いたり、掛けたり、割ったりします。もちろん、筆算ではなく暗算です。普通のサイコロは6

多面体サイコロで暗算

面しかありませんが、多面体のサイコロもあります。10面体と20面体サイコロの和が暗算でできたりしたら、ちょっと感動的です。

「問題児」はサイコロをふるというアクションが大好きだし、どんな目が出るかわからないのもワクワクします。終わるとまたふりたくなるという魔術がサイコロにはある。親子で速さを競い合うと盛り上がることでしょう。

この方法は暗算力をつけるすばらしい方法なのですが、学校でも塾でもサイコロふりはできません。あっちでコロコロ、こっちで投げ合い、大変な騒ぎになっちゃいますから。でも家でならできるのです。ぜひ、ご家庭で遊びながら算数力をつけましょう。

●2桁の暗算ができるくらいのアタマのよさを目指せ！

サイコロ学習を続けていると、2桁の暗算が自然にできるようになります。

日本人は九九（つまり9×9）までしか暗算できませんが、インドの小学生は20×20を暗算で計算できるのが普通です。17×19は？と聞かれたら、日本人は迷わず電卓を操作しますが、インド人は何もなくても即答です。

暗算は、計算が速くできることだけに価値があるわけではありません。暗算には、アタマそのものをよくする力があるのです。

暗算するとき、アタマの中では数字をイメージしながら処理しています。では、ちょっとここで17×19を暗算してみてください。いろんなやり方がありますが、簡単なのは19を20におきかえる方法でしょう。まず17×20で計算して340と出しておき、さらにここから1つぶんの17を引くわけです。答えは323です。この計算をするには、19を20で代用し、先に計算した340をメモリーしておく必要があります。こういう作業がアタマをよくするのです。

「問題児」たちにはひらめき力がありますから、アタマの中で独自に計算方法を編み出しているかもしれません。最初は親の方が計算が速かったとしても、あっという間に追いつき、追い越されてしまうことでしょう。

【図形】家庭に1組、タングラムをおいておこう

幼児期、パズルに夢中になる子は少なくありません。もし「問題児」がパズル

好きならしめたものです。算数ができる子のほとんどは、パズルが大好きです。

幼い頃にやるパズルは、絵合わせが目的のピクチャーパズル（絵合わせパズル、ジグソーパズルなど）です。でもこれは、算数力を伸ばすにはあまり役立ちません。お勧めしたいのは、タングラムです（上図）。タングラムには7つのピースがあり、正方形、平行四辺形、そしてサイズの違う直角二等辺三角形が5つ入っています。この7つのピースを使って、さまざまな形を作り出すのがタングラムです。これが上手にできる子は、学校で習う図形の展開問題なんて楽勝です。アタマの中で図形を自由自在に動かすことができるのですから。

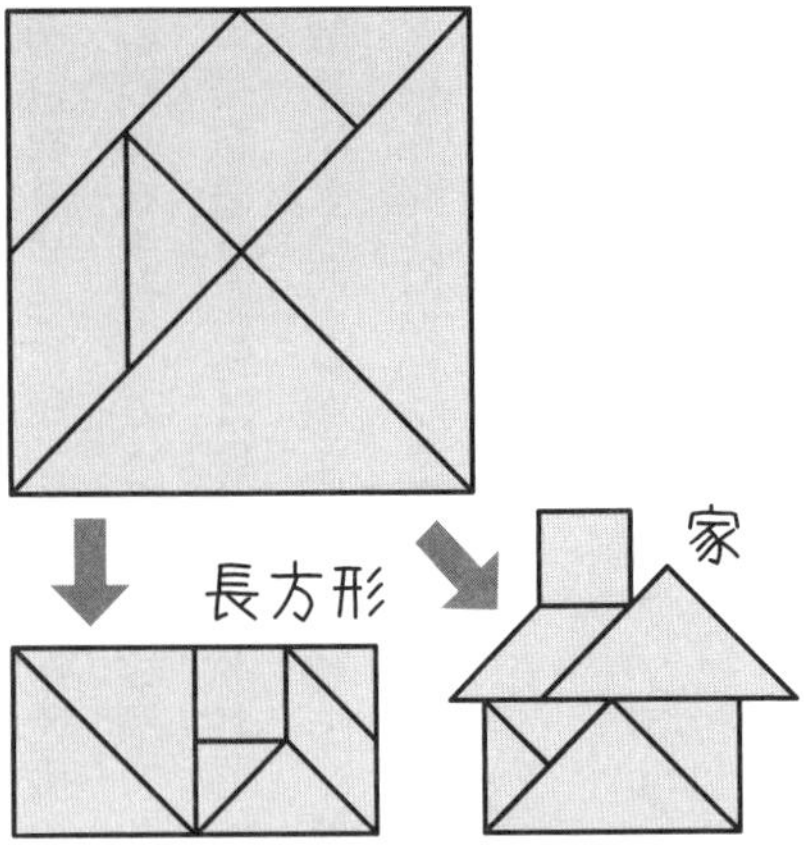

タングラムで算数脳を伸ばす

●パズルだから育つ論理的思考力

将棋の藤井聡太四段が、子どもの頃に立体パズルに夢中になったという話が有名になりました。木製のブロック型のパズルで、ビー玉が転がるように組み合わせていく遊びです。

「図形とは関係ないんじゃない？」と思うかもしれませんが、これもまた非常に数学的なものです。パズルは、試行錯誤の連続です。「こうかな？　違う。じゃあこうだ」と、頭の中はフル回転しています。そして完成したとき、正しい答えにつながる唯一の論理があることに気づくのです。まさに数学です。

パズルにはさまざまな種類があります。「問題児」はおもしろいと思わないパズルはすぐに飽きてしまいますが、夢中になるとそれこそ寝食を忘れて取り組みます。そんなときは「ごはんよ」などと言わず、とことんやらせてあげてください。まさにこの瞬間、その子のアタマは最大限によくなっているのです。

親もぜひ、パズルで遊んでください。親が楽しそうにパズルに取り組む姿を見ると、「なんだろう？　やってみたい！」と思うようになるものです。

特に女の子はピクチャーパズルを好む傾向がありますが、数学的なセンスを育てたいなら、ぜひご家庭にタングラムや立体パズルをおくことをお勧めします。

英語編……気負わずに英語にふれさせる

「中学、高校、大学と10年も英語を習ってきたのに全然話せない」という日本人は多いものです。そんなに習っても使えないって、一体全体どういうことなんでしょう？　日本の英語教育は、はてしなく残念です。

2020年からの入試改革で、もっとも大きく変わるのは英語です。これまで「読む」「書く」が中心だったものが、「聞く」「話す」のコミュニケーション力を重視した4技能型に変わります。社会はすでにグローバル化が進んでいますから、英語で意思疎通できる人材の需要はますます高まっているのです。

【音読】英語の絵本を読んであげられる親になる

「聞く・話すが重要ってことは、小さいうちから英語教室に入れた方がいいわよね」と思う人は多く、子どもの英語教室は、今や人気の習い事です。それも悪くはないのですが、週1回の英語教室で1時間ばかり英語にふれても、どれだけ効果があるのか疑問です。しかも、教室の程度はピンからキリまであります。

私がお勧めしているのは、まずお母さんが英会話を習うことです。そして子どもには、英語の絵本を音読して聞かせる。CDがセットになっている絵本が多いですが、CDを聴かせるだけでなく、CDをまねてお母さんが読むのがいいと思います。「問題児」は音読が大好きですし、「かっこいい!」と思うとすぐにまねをしたがります。「ぼくも読みたい!」と言い出したらこっちのもの。どんどん音読させ、たくさんほめてあげてください。

「私の英語なんて発音めちゃくちゃよ。逆効果なんじゃないの?」と言う人もいますが、ここまでグローバル化が進んだ社会の中では、ネイティブ並みの発音なんて求められていません。通じる英語を話せるかどうかが大切なのです。日本語なまりの英語、中国語なまりの英語、ロシア語なまりの英語で何が悪いのでしょうか? 英語を習うからにはネイティブのアメリカ人のように話せなくては、などと必死になっているのは、日本人だけかもしれませんよ。

【英単語】まずは音読。そのあとに書けるようにする

自由に英語を使えるようになるには、たくさんの単語を知っている必要があります。ただし、これは中学生以降で十分です。小学生までは絵本の音読で英語に慣れさせて、「英語がちょっと得意なんだよね」なんて思えればいいのです。そのうえで中学生になったら、単語を覚えることが大切だと伝えましょう。

でも「問題児」は、なかなか英単語が覚えられないかもしれません。私も学生時代は苦労しました。今の私が思うのは、単語をひとつずつ暗記するよりも、文章全体を覚えてしまう方が覚えやすいということです。中学生くらいなら教科書の例文も短いので、声に出して何度も繰り返し読み、覚えてしまうことです。そのうえで単語を書くと、アタマに入りやすくなります。

さらに、単語は範疇分けして覚えます。run と walk、apple と orange など意味の近いものを組み合わせたり、hot と cold など反対の単語を組み合わせたりします。少しむずかしい英単語が出てきたら、re は繰り返すときに使う、dis には否定の意味がある、などの法則性を教えるといいでしょう。

理科・社会編……考察する習慣を。「なぜ?」の答えを探そう

理科や社会は「暗記科目」といわれる教科ですが、それは徐々に変化してきています。確かに「鎌倉幕府」「関東ローム層」「二酸化炭素」といった言葉を覚える必要はありますが、中学受験、高校受験、そして大学受験においても、知識の正確さや量を問うよりも、「なぜ」「どうして」「その結果どうなったのか」を問う問題が増えています。用語はその気になれば覚えられますが、深く考察する習慣がなければ今後の入試にはついていけません。

【社会】フィールドワークに勝る学びナシ!

暗記が苦手な「問題児」でも、社会科が大好きな子は意外に多いのです。特に多いのは歴史好きです。歴史はおもしろいからです。ドラマチックだからです。

ワクワクするからです。

歴史関係の本を読んだり、ドラマを見たりしたら、ぜひ家族でフィールドワークに出かけましょう。「伊達政宗の本を読んだから、夏の旅行は仙台に行ってみよう」とか、「今度の週末に、古い地図を見ながら町を歩いてみよう」など、実際にこの場所で歴史が生まれた、と実感させてあげるのです。

旅行は地理の学習にも役立ちます。高速道路を走りながら見える山の名前を調べる、飛行機から眼下に見える海岸線を地図でたどる、旅先で名産品を食べながら「りんごの産地なんだね」と話す。それらはすべて、リアルな地理学習です。

●親がちょっとだけ後押しをして知識を掘り下げる

世界の歴史は、手軽にフィールドワークというわけにはいきません。ぜひ、現在の地図と照らし合わせることを教えてあげてください。「この頃、ここで戦争があったんだね。ああ、だから今もこの国とこの国は仲が悪いのか」などと話すと、その地域の歴史を夢中で調べたりします。

「なぜこのようなものが作られたのか?」と考えることも大切です。たとえば中国の万里の長城は、当時隆盛を誇っていた騎馬民族の侵入を防ぐために作られたものです。城壁の多くは2メートル程度の高さしかなく、「すぐに乗り越えられるじゃん！」と思ってしまいます。でも、騎馬民族は馬で移動しますから、馬が飛び越えられない高さならよかったのです。「そういうことか！」と子どもが思えたらしめたもの。学力がつくだけでなく、教養も深まるというものです。

【理科】生活の中の「なぜ?」「なるほど」を見逃すな！

理科は、自然体験が豊富な子が圧倒的に有利です。太陽の位置を見ながら東西南北を確認したり、コンパスを使ったり、火をおこしたり、虫を観察したり、磯遊びをしたり、星座の動きを見つめたり……。そうした体験はすべて、科学への興味に結びついていくのだと思います。

遊びの中には、さまざまな「なぜ？」があります。坂道を駆け降りるとどんどん加速していくとか、バケツの水を振り回してもこぼれないとか、すぐに割れる石と絶対に割れない石があるとか。そんな「ちょっと不思議だな」と感じた経験の多い子ほど、理科の授業で「加速度」や「遠心力」や「岩石の種類」を習ったときに「ああ、そういうことか」と腑に落ちるのです。

家の中にも、科学の芽はたくさんあります。料理はその代表です。そうめんをゆでてふきこぼれそうになったとき、そこに水を差すとお湯の温度がすっと下がる。それが沸点の勉強になります。味つけをするとき、砂糖は塩よりも先に入れます。それは砂糖の粒子が大きいので、あとに入れると味がしみ込みにくくなるからです。

実際に体験したことを、机上の学びの中で「ああ、あれがそういうことだったのか！」と実感できたとき、その理解はますます深くなっていくのです。

学習塾は「問題児」を伸ばしてくれるのか?

「問題児」を伸ばすことを考えたとき、小学校時代は、興味のおもむくままに遊び、友だちとふれ合い、ときにもめ、そうした暮らしの中で親が折にふれて子どもの興味や関心を刺激して、考えるヒントを与えていくことが何よりも大切だと思います。ただし、中学受験を考えている場合は、やはり勉強のことが気になるでしょう。また、公立中学に入ると、3年後には高校受験が控えています。塾は必要不可欠のものではないと思いますが、「問題児」と塾との付き合いについて、私の考えをお話しします。

●学習塾は営利企業である

私はもう長いこと、塾に行かせておけば安心、という発想を止めるよう訴え続けてきました。塾は、「金を払って子どもを預ければ自動的に成績を上げてくれる魔法の施設」ではないのです。

塾は、営利企業です。ひとりでも多くの子どもを入塾させ、少しでも多くの授業を、少しでも長く受けてもらうことを目的にしています。そしてもちろん、あなたのお子さんを合格させるためにがんばってくれるはずです。なぜなら、合格実績が増えるほどに受講生も増えるからです。

どんなに親身になってくれる塾でも、「あなたのお子さんは、うちに通うよりも家庭教師の方が向いていますよ」などとはけっして言いません。塾の方針に合う子も合わない子も、その塾のやり方から逃れることはできないのです。

「ズバ抜けた問題児」の塾選びは、慎重であるべきです。その子の個性をちゃんと認めて受け止めてくれる指導者がいなければ、塾代も、塾に通う時間も、そして子どもの意欲そのものもムダに失われる恐れがあるからです。

塾そのものを否定しているわけではありません。「問題児」を伸ばす授業をしてくれる塾を選んで、上手に利用してくださいとお伝えしているのです。いい塾、いい先生に出会えれば、もともと持っている才能が大きく花開くことでしょう。その第一歩が、塾の種類と性格を知ることです。

●大手進学塾の集団授業は、無意味な投資になる可能性が

塾を選ぶとき、受験対策が目的だと大手進学塾を選ぶ人が多いと思います。このような大手進学塾は、だいたいが集団授業です。

集団授業。それは「問題児」がもっとも苦手とする授業形態です。高いお金を払って学校の授業と同じように叱られるのでは意味がありません。もちろん、中にはものすごくおもしろい授業をする先生もいます。集団授業なのに、「問題児」が気をそらさずに受けられるような授業をします。でもそんな天才的な塾講師が、ひとつの教室の全教科にまんべんなくいるということはありえません。

学校の授業で集中できずに後れをとり、さらに学習塾で同じことを繰り返すとすれば、これほど無意味なことはありません。

●地域の個人塾は、塾長との相性をしっかり見きわめる

地域で評判のいい個人塾、というものもあります。志を持って塾を開き、料金も比較的安いところが多いようです。地域の公立中学の定期テスト対策に強いなど、地元密着型の塾も少なくありません。同級生が何人か通っていたりして、放

課後学習的な楽しさもあります。

私が中学時代に通ったのもそんな塾でした。ジョン・レノンみたいな風貌の先生で、いかにも変人。どこか自分との共通点も感じました。「絶対にここに通いたい」と思って親を説得して入塾したのですが、アタリでした。先生は、記憶力がめちゃくちゃ悪い私がその日覚えるべき英単語をすべてクリアするまで、付き合ってくれました。終わったのが夜の12時ということもありました。高校受験でまさかの合格を果たせたのは、この先生のおかげです。

ただし、相性の悪い先生、古いやり方を引きずっている先生は要注意です。塾長との相性をよく見きわめてから入塾しましょう。

●本当に「個別」の塾は塾代が高いことを覚悟する

「問題児」の場合、本来は1対1で勉強を見てくれる人が必要なのです。ならば個別指導塾がいいのではないか。ところがここにも問題があります。コストパフォーマンス面での欠点です。

個別指導塾の講師の多くは大学生です。1コマ90分で1500円ほどコストがかかります。それに対し、生徒側が払うのは90分で3000円ほど。つまり塾経営側には1コマ1500円が入るということです。これを1日10コマ行ったとして、1日の休みもなしで月に45万円。ここから場所代や光熱費、消耗品やコピー代を差し引くと、経営者側の月収は20万円から30万円。年収にして300万円前後です。これではとても続けていけません。

では、経営を成り立たせるためにどうするか。1人の講師に対し、生徒を2～3人にして人件費を削減するのです。マンツーマンではありませんから、塾ではプリントを渡されてそれを解き、終わった頃に講師が戻ってきて丸つけして、まちがえた部分を解説して「はい、さようなら」……というのは極端な例ですが、そのような個別指導塾があるのは事実です。ある程度質のいいマンツーマン指導を受けるためには、1コマ5000円くらい払う必要があると、私は思います。

●家庭教師はしっかりお見合いして決めよう

「うちの問題児くんはマンツーマンでないとダメだ」と思うのなら、家庭教師がいいでしょう。トップ校に合格させるノウハウを持つ受験のプロを時給2万円で雇うこともできますし、大学生を時給2000円で雇う場合もあります。前者が希望なら、家庭教師斡旋業者に紹介してもらうのが近道です。「問題児」に学習習慣をつけて基礎学力を定着させたいのなら、大学生家庭教師でも十分だと思います。先生であるだけでなく、疑似的な兄姉になってもらうこともできるからです。ただし、重要なのは相性です。

できれば何人もの学生とお見合いをさせ、わが子に合いそうな人を見つけてください。「問題児」の場合、やさしいだけで言うことを聞かせられない弱腰の先生ではダメですが、厳しいだけで抑えつけようする先生もダメです。「問題児」のペースをある程度尊重して調子よく勉強できる空気を作りつつ、譲らない部分はけっして譲らない、子どものよき伴走者でいてくれる人であってほしいと思います。

ここで注意したいのは、家庭教師は「その場で勉強させてもらう」ために来てもらうわけではない、ということです。指導時間に子どもが問題を解くのでは、家庭教師は暇なだけです。そうではなく、事前に自分で問題集や宿題をしっかり解いておき、わからない部分やまちがえた部分を質問し、解説してもらうために来てもらっているのです。これは、個別指導塾も同じことです。週1～2回、2時間程度しか習えないのですから、ここで徹底的に質問して解説してもらう、そのためのマンツーマンなのです。

勉強は、自分の力でできるものなのだ

●勉強とは、問題集を自分で解けるようになること

大手進学塾の魅力のひとつは、質のよいオリジナル問題集を作っていることです。それを使って問題の解き方を解説し、その場で解かせ、丸つけさせます。そしてさらに詳しく解説します。これを10〜20人の人数でやるわけです。

だったら問題集を自分でやっちゃいけないの？　良質の問題集を買って、それを自分で解けばいいいんじゃないの？　そう思いませんか？

実際、少し前の世代はそうやって高校受験、大学受験を経験してきたのではないでしょうか。特に地方出身の方は、塾に行ったこともなく、部活や遊びをたっぷりして、自力で工夫しながら受験勉強をして大都市圏の大学に出てきた、という人が少なくないはずです。それなのに、子どもを持ったとたんに塾におまかせになってしまうのは、どういうことなんでしょう。

勉強の本質は何も変わりません。問題集を自力で解けるようになればそれでい

いのです。

自分なりの勉強法を見つける

問題集を解く、とはどういうことでしょう。

まずは（当然ですが）、すべての問題を真剣に考えて解きます。次に自己採点して解説を読み、まちがいはなぜまちがえたのかを理解します。理解できなければ、学校の先生なり、塾の先生なりに質問して納得できるようにします。さらに少し時間をおいて、前回できなかったものをもう一度解く。そして最終的に、すべての問題を自力で解けるようにする。これが「問題集で勉強する」ということの全

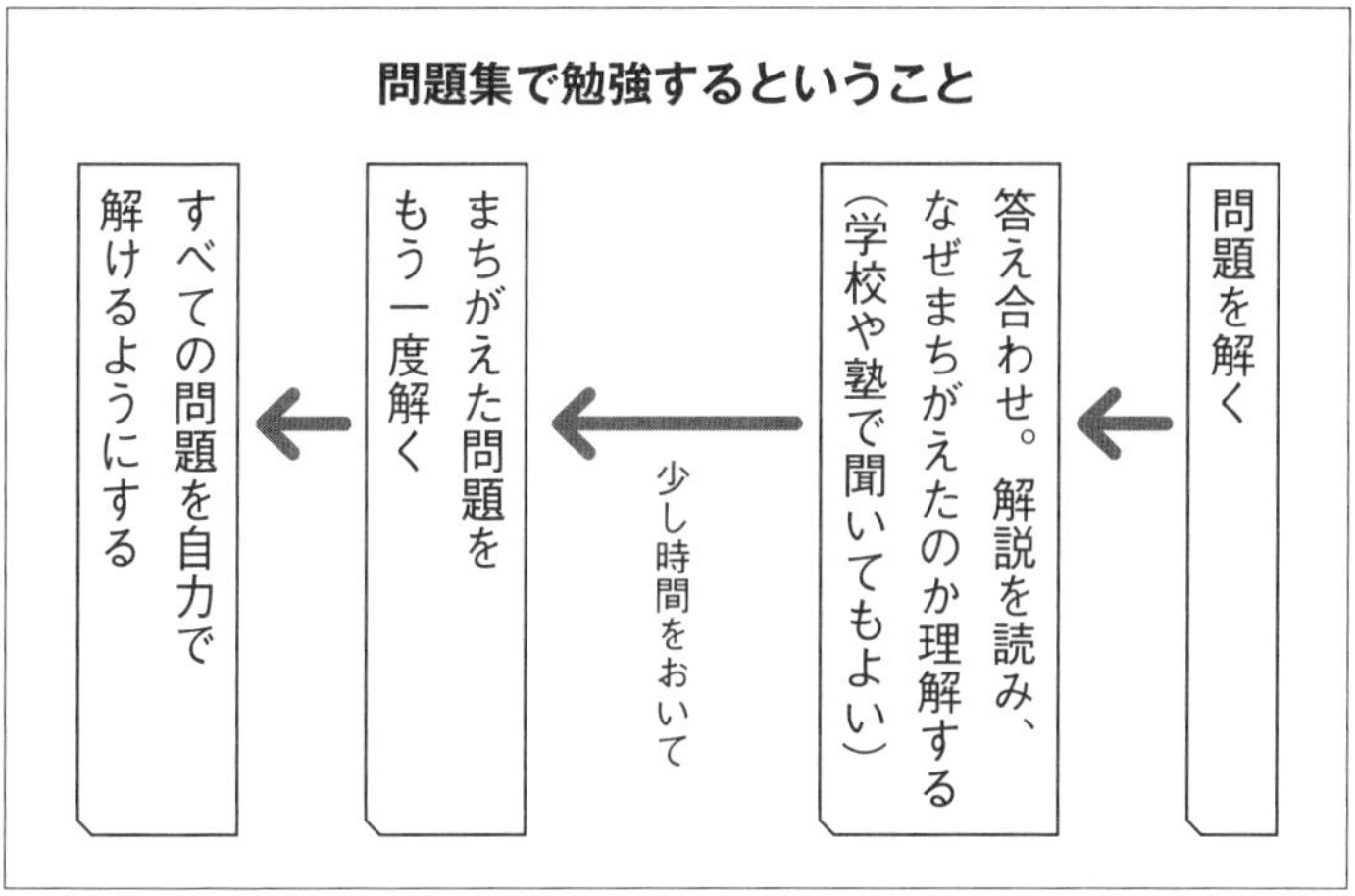

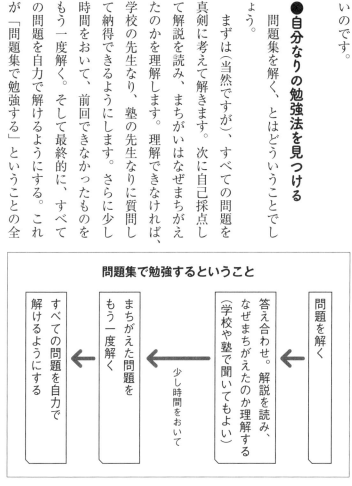

貌です。

これさえできれば、はっきり言って塾は必要ありません。そしてまた、これができなければ、塾に通ったとしても中学・高校で好成績を得ることはできないのです。

この方法には、ふたつの大きなメリットがあります。ひとつには、塾で集団授業を受けるよりも時間を短縮できるということです。塾で3時間かけてやることが、ひとりなら1時間で終わります。

もうひとつは、自分なりの勉強のコツがだんだんつかめてくることです。ゴロ合わせを考えたり、ノート整理を工夫したり、音読して理解したりします。自分だけで編み出した勉強の方法は、大学受験までずっと使えます。

●子どもの学力を伸ばせる問題集とは?

問題集を買うときには、インターネットではなく、書店で選びましょう。「問題児」が取り組みやすいのは、以下のような問題集です。

①分厚くない。薄い

「問題児」は達成感のないものはなかなか続けられません。「この程度なら終わりそう」と思える薄さのものを選びましょう。

②むずかしすぎない

やる気を持続させるためには「できた」「わかった」が重要です。実力に見合った問題だけでなく、やや簡単な問題が含まれている問題集がお勧めです。

③解答に、丁寧な解説がついている

小学校高学年〜中学生になってからの問題集は、解説を読んでなぜまちがえたかがわかるようになっていなくてはいけません。

●ケアレスミスを減らすためのもっとも有効な方法

「問題児」たちの永遠の落とし穴、それはケアレスミスです。どうすれば減らせるのか、知りたいですよね。お教えしましょう。

まちがえた瞬間に指摘することです。

「8＋5＝14」と書いた瞬間に、「まちがえている」と指摘する。私は中学生のとき、前述の塾の先生（ジョン・レノン風）にこれをやられました。先生はキセルでタバコを吸っていたので、キセルの先で指をハタくのです（これがけっこう痛いんだ）。本当によく見ている先生で、しょっちゅう指をキセルでハタかれました。その結果、私は「キセルが来るかも⁉」と思った瞬間、見直すようになりました。「足し算、まちがってないよな」「三人称の動詞にｓつけたかな」と。

これを私の生徒にもやってみました。ケアレスミスをしたその瞬間に、指先をつつくのです。するとやっぱり、確実にケアレスミスは減りました。自分の中にもうひとりの自分が生まれて、自分を見張るようになるからだと思います。

ただし、これは個人授業、マンツーマン指導の中でしかできません。家庭教師にお願いするのでなければ、親がやるしかないのです。

なんのために勉強をするのか

●本気で勉強を始めるのは中学2年生からで十分

さて、ここまで読んで「うちの子は問題集を自分で解くなんて絶対に無理だわ！　やりっこない！」と不安に感じる人がいるかもしれませんが、大丈夫です。本格的な勉強をスタートするのは、13～14才くらいでいいと私は思っています。「問題児」は非常にオクテなので、焦る必要はありません。それまでにやってほしいのは、読書、音読、サイコロ、パズル、そして自然の中に連れ出し、無用な劣等感を植えつけないことです。これをしっかりやりながら、目覚めるときを待ってください。

子どもがなかなか目覚めない場合、なぜ勉強するのかを、子どもに届く言葉で説明する必要があるかもしれません。14才くらいになれば、伝わるのではないでしょうか。数学ができない、国語力がない、英語が理解できないということが、生きていくうえでどれだけ不利になるのか、学力や知識がどれだけ自分を守ってくれるのか、ということが。

●私たちは簡単にダマされないために学ぶのだ

私は、よくこんなふうに話します。

「同じご両親から生まれてはいるけれど、きみは兄弟と同じではないよね。お母さんやお父さんとも同じではない。親や兄弟とも同じではないのだから、この世の中にきみと同じ人間――きみと同じ精神と肉体を持った者はひとりもいないということになる。

「個性を伸ばす」「個性がたいせつ」などといわれるが、個性は多くの場合、幼い頃からひとりひとりの中に潜在的にあるものだ。きみの場合は、それが潜在的ではなく最初から表に現れているのだと思う。だから、きみがするべきことは、最大限にオモロく生きる人体実験をすることだ。他人で人体実験をするのは罪だが、自分自身で行うのは俄然正しいことなんだ。するべきことは、天に与えられた精神と肉体を用いて、最大限にオモロく生きようとすることだと思わないか？世の中はきみを型にはめようとしてくるだろうが、そもそも型にはまらないのがきみだ。だから、自分に向いた勉強法や独自の学習法を見つけて、最大限に伸びていくのを習慣化させることこそ、するべきことなんだ」

どんな言葉でもかまいません。その子の心に響く言葉がきっとあるはずです。そこで子どもの目がキラリと輝けば、彼らは目覚めます。

教育とは本来、「目覚める」ことからしかスタートしないものです。でも、それができる学校も塾もほとんどありません。ならば家庭で、親がわが子を目覚めさせるしかないのです。

青年は世界を旅する。そして死にかける

大学生活が始まりましたが、教授にも学生にも、学問をするという熱意がまったく感じられませんでした。多くの同級生が、サークルやバイトに明け暮れていました。そんなときです。同じように大学に幻滅していた友人が言いました。

「復讐しよう。さんざん世界史や地理を詰め込まされたんだから、せめてその場所をこの目で見てこよう」。つまり、車に乗ってアジアから陸路でヨーロッパに行こうと言うのです。必死でお金を稼いで、友人２人と日本を発ったのは1978年7月でした。

ところが、です。旅行が始まって間もなく、インドで時速100キロを超える高速走行中、私がハンドルを切りそこなってしまったのです。ぬかるんだ道で車はスピンし、道路わきの灌木に激突しました。車は大破、３人とも無事だったのが奇跡でした。ニューデリーで車の修理にかかったのが２カ月。事故を起こした心の傷はなかなか癒えませんでしたが、２人に励まされ、9月にようやくインドを出発しました。

お隣のパキスタンに入ると、今度は車が豪雨の中で水没したり、荒野で野営するはめになったり。次のアフガニスタンの砂漠地帯では灼熱の砂に車が埋まり、自力で脱出するのが困難になりました。見渡すかぎりの砂漠。照り続ける太陽。徐々に薄れる意識の中で私が思ったことは、「プールに入りたい」「かき氷が食べたい」でした。あんなに「死んでもいいや」と思って日本を飛び出したのに、「ああ、オレは本当は生きたいんだな」と気づいたのです。このときは、現地のトラックが通りかかって命拾いしました。

やっとこさ砂漠を抜けてイランに入ると、今度はなんと革命騒ぎで地震まで発生しました。夜には銃声が鳴り響く中をトルコに入国しました。イスタンブールでようやく日本に連絡したとき、家族は私たちの生存を半ばあきらめていたと聞きました。まったくもって、親不孝な問題児と言わざるをえません。

Part 4

「ズバ抜けた問題児」がキラキラ輝く
進路・進学先の見つけ方

進路選びの原則❶ 過去の「理想的な進路」にしばられない

●10年以内に機械に奪われる仕事が702種もある

ご存じのことと思いますが、今後は「いい中学、いい高校、いい大学に入ることが高収入の仕事につながる」という従来の価値観は崩壊していきます。もしも皆さんが「そうは言っても、現実にはそれが大事なんだよ」などと思っているなら、そんな考えは今すぐ捨ててください。

後述するように、2020年から大学入試センター試験の大改革が始まります。それは「今までのような使えない人材を世の中に出してくるな」という、経団連からの強い要請があってのことだと聞いています。もうこれまでのような日本人を、社会は求めていないのです。

2014年、オックスフォード大学のマイケル・A・オズボーン准教授が発表した論文は世界に衝撃を与えました。そこには、「今後10年以内に機械に仕事を奪われて、消えていく可能性が90％以上ある仕事」のリストがあったのです。銀行の融資担当、スポーツ審判、不動産ブローカー、保険審査担当者……実に702種類に及んでいます。

生き残るためには、コンピュータがけっしてできない仕事、コンピュータを自在に使いこなす仕事をするしかありません。そこで重要なのは、出身大学の名前ではありません。学歴社会は、すでに崩壊しつつあるといってもいいでしょう。

●あなたのお子さんは、どんな才能を持っていますか？

江戸時代末期、松下村塾を開いた吉田松陰は、初めて会った生徒に「きみは何が得意ですか？」と必ず聞いたそうです。そして生徒が答えると、こう言いました。「その得意なことが世の中の役に立つように、学問してください」と。

これこそが学問の本質です。学問を通して、ほかの人が持たない自分の才能を開花させ、最終的に社会の役に立つことが目的なのです。

とはいえ「問題児」は、あらゆる場所でダメな子のレッテルを貼られがちですから、自分の得意が見つけにくい状況にあります。そんな中で、「これならほかのことよりも集中して取り組める」「ほかの人にはないひらめきを見せる」ということを見つけてあげられるのは、親だけなのです。

理想的な進路をイメージしてわが子に当てはめる人が非常に多い世の中ですが、それを「問題児」にやってはいけません。彼らが「ズバ抜ける」ための道を見つけることこそが、正しい進路の選び方です。

進路選びの原則❷ 志望校はつねにギリギリまで決めない

●「〇〇高校」「〇〇大学」を目指すと、塾のえじきになる

あらためて強調させていただきますが、勉強するのは子どものアタマをよくするためです。「少しでもいい学校」に入学させるためではありません。

日本人は母校が大好きです。努力して入学できた名門校ならなおのこと、誇らしくてたまりません。卒業して何十年もたっているのに、道の真ん中で校歌を歌ったりします。

「この学校に入りたい！」という思いが、勉強の強いモチベーションになることは事実です。受験前のふんばりで学力が向上して、人が変わったように賢くなる子も少なくありません。目標があるのはいいことです。

でもそれが、進学塾の客引きに利用されているのです。

進学塾を見学に行くと、必ず「志望校はどこですか？」と聞かれます。親は当然、できれば行かせたい上位校のイメージがあるので「いや、全然無理なんです

けど……○○高校に入れたらいいなぁって話したりしてるんです」とか言っちゃうわけです。

はい、これでウサギが1羽、罠にかかりました。

「○○高校！　ちっとも無理ではありませんよ。あと2年もあるんですから！ただし、無料学力診断テストの結果を見ると、合格圏まではまだこれだけありま す。つきましてはこの講座とこの講座を組み合わせ、夏休みはこのような形で……、はい毎月5万6000円になります」チャリーン。

●志望校を決めるのは11月でいい

今の進学塾の姿勢は、つねにこんな感じです。「○○校に入れたいなら、うちの塾におまかせください！」。学校名ほどいいエサはありません。「○○校、合格者○人！」これほど客寄せ効果の高い広告はありません。

しかし、すべての子が合格できるわけではありません。学校名ばかりを連呼する受験勉強は、落ちたときに子どもの夢も希望も自信をも打ち砕きます。子どもですから、たとえ合格まちがいなしと言われていたって、当日どんな失敗があるかわかったものではありません。絶対合格なんてありえないのです。

そして、たとえ合格しても、ゴールしたとたんに燃え尽きてしまっては意味がありません。あるいは学校の授業についていけないようでは意味がないのです。

どこの学校にするかは、「そろそろ願書の用意をしなくちゃ」と思った頃に決めればいいのです。それまでにいくつか候補を絞り、過去問にも一通りは目を通しておきましょう。過去問を比較すると「こっちの学校の問題が自分には合っている」などとわかってくるので、それも学校選びのヒントになります。いずれにせよ、「祖父の代からのあこがれの学校」などを選ぶのではなく、最大限学力をつけて、それで入学できる学校を選ぶことです。これは中学受験、高校受験、大学受験、どの段階でも同じことです。

中学受験させる？　させない？

●「問題児」は大器晩成型。中学受験には向いていない

「問題児」の親に「中学受験をさせた方がいいのでしょうか？」と聞かれたら、私は躊躇なく「お子さんは向いていません」と答えるでしょう。

首都圏では、中高一貫私立校を受験する子が少なくありません。地域によっては半数近くが私立に進みます。その場合、小3の3学期から塾通いをスタートし、3年間みっちり受験ロードを走り続けることになります。

この競争の中で、勝利しやすいのは発達の早い子です。「問題児」はあきらかにオクテですから、早熟な子との勝負は圧倒的に不利なのです。にもかかわらず、塾で徹底的に解法を仕込まれ、つぶれていく子を何人見てきたことか。

さらに、ここまでで述べたように、思春期以前の子どもはとことん遊ばなくてはいけません。友だちとの遊び、自然との遊び、試行錯誤する遊び、楽しい読書体験、そういうものを定期預金のように積み上げ続けた結果、満期金として、勉

強への意欲が訪れるのだと私は思います。小3から子どもの遊びを奪うことに賛成はできません。

そしてまた、無事に上位校に入学できたとしても、それが有名大学への合格切符になるわけではありません。特にレベルの高い私立中では、3年間の範囲を2年間で終わらせるので、授業のスピードが非常に速い。課題も多く、コツコツ努力することを求められます。それができないと、せっかく中高一貫校に入ったにもかかわらず、進級できずに転校させられたり、高校に進学できなかったりというケースがあるのです。それは子どもの自信を奪うことになりかねません。

●地元の公立中学にどうしても入れたくない場合

とはいえ、私立中ならではの魅力は確かにあります。校舎はきれいで設備が整っているし、学力や価値観が似た子が集まるので、人間関係があまり上手ではない「問題児」にも過ごしやすいかもしれません。地元の公立中が荒れていたりすると、「やっぱり私立に入れたい」と思うかもしれません。

その場合、以下の点を考えて学校を選んでください。

■小6の1年間の勉強で入れるレベルの学校を選ぶこと。そうすれば、小5まではとことん遊ばせることができます。塾費用も抑えられます。

■通学に30分以上かからない近場の学校を探すこと。遠いと入学後に部活動や趣味、勉強に割ける時間が限られてしまいます。子どもの人生の貴重な時間を、通学に消費してはいけません。

■アクティブラーニング（受け身ではなく、主体的、能動的に取り組む学習）を取り入れた、少人数授業を展開しているところ。「問題児」でも授業を楽しく受けられる学校であること。

通える範囲の学校をいくつか回り、その中からわが子に合う学校を探すことをお勧めします。

●公立の中高一貫校を受験するという選択

地元の公立中学校を避けたい場合、もうひとつの選択肢は公立の中高一貫校です。人気が高く、合格倍率は5倍以上という学校も少なくありません。しかし、受験する価値はあると私は思っています。

なんといっても入試問題が秀逸なのです。公立中学の入学に際しては、学力検査が禁じられています。そのため「適性検査」を受けるのですが、これは私立中学の受験科目のような科目別テストではなく、作文などを通して総合的な思考力や判断力、表現力を見ていく試験です。パズルのような問題や、いくつかの情報を組み合わせて自分の考えを論じる問題など、大変アタマによろしい問題が出されます。

これらの問題を見るとわかるのですが、重要なのは国語力、思考力、分析力、そして基礎的な学力です。親といっしょにフィールドワークに励んだり、その体験を文章化したり、図鑑や資料集を読み解いたりといった、家庭でできる体験を積んできた子なら、塾通いなし、あるいは短期間の塾通いで合格できる可能性があると思います。

公立中学校で「問題児」を伸ばす心構え

●公立中学校に入ったら上位30％を目指す

中学受験をしない場合、自動的に学区の公立中学に進むことになります。ここで注意したいのは、「あー、ようやく中学生。あとは自分でがんばってね」ではない、ということです。親のサポートは、まだまだ必要です。いや、現実的には親のサポートがここから先の成績を左右します。

公立中学校に入ったら、できるだけ上位30％の成績をキープしてください。あ、これは大都市圏の場合です。

地方の公立中学校は、飛び抜けて成績のいい子、中間の子、成績の悪い子のバランスが取れています。学年で成績上位なら、県全体でもまちがいなく上位でしょう。

しかし、都市圏の上位層は、かなりの割合で私立校に奪われています。公立中学校でトップを取ったとしても、それが東京都のトップクラスかというとそれはわかりません。もっと言えば、公立中学で成績は真ん中くらいという子が、東京都の真ん中である可能性は低いのです。私立中の生徒を入れてピラミッドを組み直すと、下位層に入る可能性が非常に高いのです。

ある意味で、ここは勝負どころ。なぜなら「問題児」でも、その気になって勉強すれば、上位30％に入ることは十分に可能だからです。都市圏の公立中学は、トップ層が抜けた集団です。ある程度まじめに勉強すれば上位30％に食い込むことができます。ここで好成績が取れれば「オレってけっこうアタマいいんじゃない？」という自信になり、勉強へのモチベーションも上がるというものです。

●公立中学校の雑多さで、人間力をつけていこう

前章で私は、「公立中学校は優秀な公務員を作るために存在する」と書きました。これは事実です。

でもそれだけではありません。もうひとつの層もまた、公立中学校で作られているのだと思います。あえて言わせていただくと、低賃金労働者です。

公立中学校にはさまざまな家庭の子がいます。中には、わが子の成績や健康に

さほど興味を持たない親がいます。子どもがインターネット漬けになっているのをどうすることもできない親もいます。残念ながらその子たちの行き着く先は、自分の能力を顕在化させられずに単純労働に従事する生活です。

成績が悪いのに得意分野で自分の才能を発揮できる人は、確かにいます。しかしそういう人は、成績が悪くてもアタマはいいのです。ゲーム漬けの生活の中でダラダラと時間をつぶすようなことはしていないはずです。

公立中学校での成績と生涯賃金には、ある程度の相関性が認められます。子どもだって中学生にもなれば、生活にゆとりのある家庭の親は学歴が高いということに気づき始めます。

社会の現実や世の中の構造について、子どもの目が開かれるのが中学時代です。なぜ人は勉強しなくてはいけないのか、子どもと語り合う好機です。「成績で人間の価値は決まらないが、アタマのよさとは大きくかかわってくる。それが社会的な地位とも関係しているのだ」という事実を、子どもに伝わる言葉で話してあげてください。

それは日本社会の縮図のような公立中学校で過ごしているからこそ、実感を持って子どもの心に響くのです。

●定期テストで高得点を取るためには

中学校に入ったら、定期テストが始まります。「問題児」にはまず、定期テストの前には勉強しなくちゃいけないんだ、とちゃんと教えてくださいね。

上位30％の成績を取るための定期テストの準備は、ざっとこんな感じです。

テストには範囲があり、それはだいたい2週間くらい前には発表されます。範囲がわかったら（わからなくても予測して）準備に取りかかります。

理科、社会、英語はノートに要点を整理しておおまかな復習をします。国語は漢字を覚え始め、ノートの見直しなどを開始します。数学は教科書やワークの問題を解き直し、解けない問題は解説を読むなどして理解し、翌日にまた解くことを繰り返します。

テスト1週間前になったら、自分が覚えられない単語や用語、苦手な問題を抜き出し、とことん暗記し始めます。直前まで繰り返し繰り返しやって、試験が開始されたら記憶が消えないうちに（！）いっきに問題を解いてしまいます。

これさえできれば上位の成績が取れるはずですが、「問題児」にこれをひとりで全部やれというのはほとんど不可能です。テスト前になったら、「こんなふうにやるんだよ」と教えてあげてください。

最初のテストでは、まじめで要領のいい子たちが高得点を取るでしょう。でも親は「あなたの方がもっとアタマがいいと思うんだけどな」という姿勢を崩さず、根気よくテスト勉強の方法を教えましょう。そのうち「問題児」特有の発想力で、自分なりの勉強方法を編み出していくはずです。

また、英語や数学は塾や家庭教師をうまく利用して、実力をつけていくことも必要かもしれません。

●積極的にPTAに参加しよう

共働きの家庭も増えていると思いますが、公立中ではぜひPTA活動に参加してください。そのメリットはいくつもあります。

まず、学校の先生と懇意になることができます。それで内申点が上がる……なんてことはありませんよ。でも、学校との距離が近くなると情報が入りやすくなり、先生にも相談しやすくなります。教師も人間ですから、「このお母さん、感じがいいな」と思えば、子どもに好感を持ってくれる可能性もあります。

頻繁に学校に通えば、子どもの学校での様子も見えてきます。公立中学校で、もっとも気になるのはいじめ問題です。残念ながら「問題児」は、加害者にも被害者にもなる可能性があります。学校に頻繁に出入りすることで、そのような事態を未然に防ぐことができるかもしれません。万が一いじめ問題が持ち上がったときには、情報を集めたり、味方を増やしたりしやすくなります。

高校受験は公立か、私立か、大学附属高校か

●「問題児」の高校受験は、内申点との闘いだ

高校受験における内申点の割合は高く、多くの公立高校では当日点7割、内申点3割で合否を決めています。私立高校の場合でも、推薦入試では内申点が重視されています。

内申点とは何かというと、入試のときに高校に提出する各教科の5段階評価のことです。この内申点が、「問題児」の首を絞めることが往々にしてあるのです。

親世代では、通知表とテストの点数はほぼリンクしていました。定期テストが95点以上なら、ほぼ確実に5が取れました。しかし、現在は違います。テストで95点なのに3になることがまれではありません。それは、観点別評価が採用されているからです。

評価観点は4つあります。①関心・意欲・態度、②思考・判断・表現、③技能、④知識・理解です。4項目それぞれをABCで評価し、その合計を5段階で評定

します。たとえば①には授業態度が反映されます。②や③は発表やレポートの内容が重視されます。定期テストの結果は④にあたります。

つまりテストの成績だけでなく、授業中に私語をせず、授業をちゃんと受け、提出物を出し、ノートにも机にも落書きなどをしない――そうしたことができなければダメだ、ということです。

これは「問題児」たちの超苦手分野です。中3になってやる気を出して高得点が取れるようになったとしても、内申点によっては上位校を狙えなくなる可能性があるわけです。

●内申点を取るということは、大人になる準備

どんなに一生懸命勉強しても、内申点が低いがゆえに志望校に届かない。これは非常に悔しいことです。でも、子どもはもう14才か15才ですから、ADHD的な衝動性や不注意が少しずつおさまってくる年齢です。本人が自覚的に「なんとかしたい！」と思えば、多少なりとも改善することは可能です。ぜひ、心をこめてお子さんに伝えてください。

「あなたの賢さに対して、この通知表は評価が低すぎると思う。私は悔しい。でも、世の中には上司の評価が低くて正当な給与をもらえない人もたくさんいるのも現実なの。社会勉強だと思って、少しでも先生の評価が上がるような行動をしてみなさい」と。

親が手伝ってもかまいません。手取り足取り宿題をさせたり、忘れ物をチェックしたりするのは嫌がるかもしれませんが、サポートはできると思います。たとえば、プリントや教科書、ノートといったごちゃごちゃしそうなものを管理するカゴや棚を用意する。提出物の締め切りを記入できるカレンダーを用意する。持ち物チェックのために、玄関にホワイトボードを用意する。学校の先生に相談して、教壇に近い席にさせてもらうようお願いしてもいいでしょう。私の場合は、ほかの生徒が避ける最前列を自ら選ぶようにしました。

●内申点が低いなら、私立一本に絞る手も

「問題児」が得意なのは、むしろ当日点です。追いつめられた方が実力を発揮できるので、受験勉強もギリギリになるほど必死で勉強します。たっぷり遊んで体

験も豊富な子は胆力があるので、入試の直前まで学力が伸びる傾向があります。期待したいものです。

しかし、内申点は中3の2学期で決まってしまいます。公立の上位校を目指すなら、ライバルだって当然ながら得点力があります。そのうえ内申点も手堅く取ってきていることでしょう。

内申点が思うように伸びないようなら、本命を私立高校にシフトすることも考えてみてください。

私立高校の入試科目は、英数国の3教科のみです。内申点がほとんど関係ない学校も多いので、当日の得点しだいで上位の私立高校を狙うことが十分に可能です。

●有名私大の附属高校がいいとは限らない

中学時代にぐんと成績が伸びると、いわゆる名門私立大学の附属校に入れたいと思うかもしれません。その大学で本当にやりたいものがあるなら、高校生から入学しておくのもひとつの方法です。しかし「高校受験さえ終わればあとはエスカレーター式で有名大学の学歴が手に入る」と思っているなら、それは愚かな選択です。

受験なしで大学に進学できるという安心感は、高校時代に意欲的に学ぶ気持ちを奪いがちです。特に「今、目の前の楽しさ」に心ひかれがちな「問題児」は、とことん低空飛行の成績になる可能性が高いでしょう。そんな子でも附属の大学には入れるから大丈夫、などと思ってはいけません。文科省は「東京23区内の大学の定員を増やすことは認めない」という強い方針を打ち出しているので、おバカな高校生はたとえ附属生といえども入学を認めない大学が増えてくると思われます。

また、有名大学附属高校は留年率が高いともいわれています。大学は優秀な学生が欲しいので、一定の成績を維持できない附属生は進級さえ認めていないのです。こういう厳しい部分については、学校説明会では話してくれませんから、卒業生などからリサーチしておくことも必要です。

それに、人間はやはりテストや受験があるからこそ勉強するのです。特に人生でもっとも真剣に勉強するのは大学入試の直前だと思います。だからこそ私は、人間のアタマが最高によくなっていく瞬間に立ち会うこの仕事に誇りを感じているのです。

大学附属高校のよさはありますが、オクテの子が最高の伸びを見せる可能性が高い大学受験を、最初から切り離すのはあまり賛成できません。

●運命を感じられる学校を探そう

「問題児」の親は「運命の人」との出会いを作っていくようにと、Part2でお伝えしました。それは高校選択も同じことです。通える範囲（高校でも通学に1時間以上はかけるべきではありません）の学校を親子で一通り見るうちに、「ここならうちの子に合いそうだ」と思える学校があると思います。

私がお勧めしたいのは、その子の興味を刺激する特色のある学校です。科学に興味のある子ならSSH（スーパー・サイエンス・ハイスクール）指定校、国際的な興味を広げたい子ならSGH（スーパー・グローバル・ハイスクール）指定校に入学することで、興味の幅が広げられることと思います。私立高校はコース選択が多岐にわたる学校もありますから、調べてみるといいでしょう。アクティブラーニングを積極的に取り入れた学校、少人数で英語や数学を展開する学校も、「問題児」には向いています。

いずれにせよ学校名や偏差値で高校を選ぶのではなく、子どもの個性や魅力を伸ばしてくれる学校に進ませたいものです。

注意してほしいのは、予備校のように受験目的で締め上げるような学校です。「問題児」たちの目が死んでしまうような学校は避けたいものです。

２０２０年大学入試センター試験が変わる！

●本格的な大変革は２０２４年度からスタートする

２０２０年１月を最後に、30年間続いたセンター試験が終了する予定です。そして２０２０年度（２０２１年１月）から新しい形式の大学入試（大学入学共通テスト・仮称）が始まります。対象となるのは、２０１７年度現在の中学３年生です。

現時点で決まっていることを次のページにまとめていますが、大きな変更点のひとつは、オールマークシート式だった試験に、文系理系を問わず記述式問題を加えていることです。これまでの知識偏重のテスト形式から脱却して、思考力、判断力、表現力、そして主体的に取り組む意欲を総合して評価するようになるということです。

とはいえ、２０２０年度はまだ移行期間にすぎません。２０２１年度、２０２２年度に中学高校でそれぞれ学習指導要領の全面改訂が行われ、それに合わせて大

どう変わる？
2020年度大学入試！

★共通テストの主な変更点

〈現〉大学入試センター試験

・マークシート式

・英語は２技能（読む、聞く）を評価

・各科目を1点刻みで採点して合計点を提供

〈新〉大学入学共通テスト（仮称）

・実施時期と出題教科・科目数はセンター試験と同じ（2024年以降は簡素化を検討）

・数学・国語で記述式を導入（2024年度からは地歴公民分野や理科分野でも導入を検討）

・英語は４技能（読む、聞く、話す、書く）を評価。民間の試験を活用。（2023年度までは、民間試験と共通テストの英語を併用）

・マーク部分の結果は現在よりも詳細な情報を提供する

★個別選抜（推薦入試など）の主な変更点

・AO入試、推薦入試において、小論文、プレゼンテーション、教科・科目にかかわるテスト、共通テストなどのうちいずれかの活用

★「高校生のための学びの基礎診断」（仮称）

・高校在学中に基礎学力をはかるためのテストを2019年度から実施

・大学入試や就職に使われるかどうかは検討中

学入学共通テストも見直しがかけられ、２０２４年度からいよいよ本格始動することになっています。ここで英語の試験は、ＴＯＥＦＬや英検などの民間試験に完全に移行する予定です。

また、共通テストとともに検討されていた高校在学時の学力テスト（高校生のための学びの基礎診断・仮称）も、２０１９年度から始まります。今の時点では大学入試で使われることはありませんが、２０２４年度からは入試利用される可能性があると見られています。

●推薦入試、ＡＯ入試が大学入試の主流になる

大学入試センター試験の変更よりももっと以前から、大学が思考力や発想力を重視する傾向は強まっています。

今、どれくらいの受験生が推薦入試やＡＯ入試で合格しているかご存じですか？　私立大学の場合はなんと、入学者の51％にも上っているのです。実に２人に１人の割合です。国公立にも推薦・ＡＯ入試は広がり、大学全体で見ても43％が推薦・ＡＯ入試の合格者です。

それを象徴するかのように、2016年には東京大学でも推薦入試がスタートしました。書類選考や面接とセンター試験の結果を組み合わせて合否が決まるので、教科学習が不要ということではありません。それでも、東京大学の推薦入試の基本方針として、「特定の分野や活動に関する卓越した能力，もしくはきわめて強い関心や学ぶ意欲を持つ志願者」を求めていると言っています。つまり、詰め込み式の勉強をしてきた人間だけじゃダメだということを、東大でさえ言い始めたということです。

ところで、「特定の分野に卓抜した能力」「きわめて強い関心意欲」って……なんだか「ズバ抜けた問題児」のことみたい、と思うのは私だけでしょうか。確かに東大に行くと、「お、お仲間ですね」と感じる人も少なくないのですが（笑）。

●研究したいテーマがないなら大学は不要

さて、いよいよ大学入試です。ここでまた学校選びがスタートするのですが、大学こそ学校名や偏差値で決めるのは愚の骨頂です。

大学とは、研究機関です。何かテーマを持った人間が集まり、研究し、論文を発表する場です。自ら研究したいテーマがないのに大学に行くことほど、つまらないことはありません。

私はつねに「18才までに自分の研究テーマを見つけなさい」と言っています。自分が本当にやりたいテーマにふさわしい教授のいる大学なら、大学名も偏差値も関係はないと思います。また、そのような思いが強ければ、ＡＯ入試の突破もたやすいことでしょう。

私は高校時代、さまざまな悩みを抱えたあげく「自分がやりたいのは哲学である」と気づきました。納得のいく大学で哲学を学びたい一心で2浪したものの、第一志望の東京大学には合格できず、慶應大学文学部に入学したのですが……入学して驚きました。自分がやりたかったインド哲学が、この学校ではほとんどできなかったのです。卒論のテーマを決めるときに、担当の教授がこう言いました。

「ここは西洋文明のわが国への導入を目的に、福沢諭吉先生が創られた学校です。きみは来る学校をまちがえたね」

そのとおりです。インド哲学が修められる東京大学が無理なら、駒澤大学か東洋大学に行くべきでした。気づくのがあまりに遅すぎましたね。

●大学院まで視野に入れて進路を考える

「問題児」は基本オクテですので、高校卒業の段階での学力がさほど高くない可能性もあります。それでも、大学で学びたいテーマがあるなら、大学名ではなく教授の名前で学校を探すことをお勧めします。

偏差値が高いとはいえない大学でも、東大や京大、早慶を出た教授がわんさかいます。自分が学びたいと思う先生がいるかどうか、そこから大学を探しましょう。もしもその大学が偏差値的にとても高い場合には、入れる大学に入学し、大学院でそこにチャレンジするという方法があります。

何度も繰り返しますが、「問題児」は、普通の子より発達が遅いのです。この社会のシステムの中で克服しなくてはいけないことが多すぎるので、ムダにエネルギーを使ってしまうからでしょう。2～3年、人より長くかかることは覚悟しておいてください。

就職、そして大人になっていく

●自分の好きなことがわかっている人間は強い

さて、ここまで歩んできた「問題児」たちも、いよいよ社会人として独り立ちしていくことになります。

ここまで書いてきたように育てられ、進路を選んできた子なら、就職活動に関してほとんど心配はいらないと私は思っています。

自分の好きなこと、やりたいことがはっきりしているので、企業選びもスムーズに進むはずです。

国語力があるから、エントリーシートはサクサク書けるでしょう。

志望動機が明確ですから、面接で思いをこめて自分のしたいことを語れるはずです。とっさに質問されたことでも、持ち前のひらめき力と論理性で切り返せるに違いありません。

そして何より、「問題児」は元気です。ここで働きたい気持ちで目が輝いていいます。会社は元気な人に入ってほしい。やる気のある人に入ってほしい。はい、採用です。

もしも願いどおりの会社に就職できなくても、がっかりする必要はありません。今の時代、新卒の1割は1年以内に転職し、3割は3年以内に転職するというデータがあります。自分には合わないと思ったら、転職もやむをえません。ただ、「自分がやりたい仕事はこれじゃなかった」と転々と職をかえるよりも、学生時代にそれに気づけたほうがいいのは確かです。

もちろん、サラリーマンだけが進む道ではないことも伝えたいものです。できればフリーランスでも生きられるように、わが子にさまざまな特技を与えてほしいと思います。私の場合、家庭教師、コンサルタント、そして執筆業のみっつの仕事をしています。みっつくらいあると、どれかひとつコケても心配ありません。

従来の枠にとらわれずに仕事を探すチャレンジ精神も「問題児」ならではです。わが子が「おもしろい」と思える人生を、つねに応援してあげてください。

●男も女も経済的に自立し、家事能力を身につける

そして、次に来るのは結婚です。「こればかりは、親が出る幕じゃないよね」とは思います。でも、結婚できるような魅力のある人物に育てていくことはできるはずです。

突然ですが、人間の生きる意味とはなんだと思いますか？　前述のとおり、自分というこの世にたったひとつの存在を、花開かせることが第一の目的だと思っています。そしてもうひとつは、世代交代することです。

「問題児」も、大人になります。生涯独身という人も少なくない時代ですが、世代交代できればなおいいと思いませんか？

のびのびと育ち、自分の弱点を克服して成長してきた「問題児」は、魅力的です。異性にとってもそう見えるはずです。私のように、結婚してからパートナーに苦労をかけるケースもありますが、まぁそれはお互いさまということで……。

幸せな結婚を継続するためには、男性でも女性でも自分の役割を果たす必要があります。男女の別なく家事も仕事もするのが当然になっていくことでしょう。

男の子にはできるだけ家事を手伝わせて、自分の食事くらいサササッと用意できるように育てておきましょう。女の子には、それなりの収入を得て自立することの大切さを伝えたいものです。学生時代や社会人になった頃に、独り暮らしをさせるのもいい経験です。

そうそう、私は教室の子どもたちによくこんな話をします。

「きみが将来結婚する相手は、この世の中にもう生まれているんだよ。この地球上のどこかを歩いているんだ。それは渋谷かもしれないし、ニューヨークかもしれないし、ドバイかもしれない。でも必ずどこかにいるんだ。その人に会ったとき、相手に『この人と結婚できたらラッキー』と思ってもらえるような生き方をしてほしい。その人に対して恥ずかしくないように、ちゃんと成長していこう」

われらが「問題児」たちにも、ぜひ伝えてほしいと思います。

家庭教師という天職を見つける。そして結婚

陸路ユーラシア大陸を横断する無謀な旅の中で、私はさまざまなことを知りました。

どんな困難の中でもあきらめなければなんとかなるということ。命と行動の自由が保障されているだけで幸福なのだということ。受験勉強で詰め込んだ地理や世界史や英語の知識は意外に使えるということ。

そしてもうひとつ、文明から遠ざかれば遠ざかるほど、人はいい表情をしていることにも気づきました。男性の顔は皆風格があり、子どもたちは目がキラキラ輝き、嫁入り前の娘たちには筆舌に尽くしがたい魅力がありました。

一方、数カ月ぶりに戻ってきた東京では、皆一様に醜い顔をしています。満員電車に詰め込まれ、生活に疲れ、イライラ、ギスギス。高度経済成長期をへて、アジアナンバーワンの経済大国に躍り出た国の、これが現実だと思いました。

自然にふれずにいると好奇心や探究心が失われてしまう。あまりに情報が多いと直感に基づく行動ができなくなってしまう。――この発見は、私の原点になりました。

アフガニスタンで死にかけ、拾った命です。好きなように生きようと決めました。私は大学３年生をもう１回やりながら家庭教師を続け、気がついたら新入社員の月収の３倍も稼ぐようになっていました。その頃に出会ったのが妻です。音楽大学に通う彼女は、鋭い感受性を持つ女性でした。女性と２～３回会うと面倒になる私が、彼女に飽きることはまったくなく、３年半付き合って結婚しました。その後の人生は、まあこんな感じです。

大変小さな、ひとりの人間の人生のほんの一部です。でもここで伝えたかったのは「ズバ抜けた問題児」は体験からしか学べないということです。自分で行動して、失敗して、転んで、立ち上がって、またぶつかっていく中で、生きる道を見つけるのです。

私は60才になる今もなお、大変におもしろい「道」の途上にいると感じています。

Part 5

大人になった「ズバ抜けた問題児」対談
AI時代を生き抜く子どもを育てよう

松永暢史
×
元東京コミュニティスクール校長
市川 力

ご紹介します

「ズバ抜けた問題児」をワクワクさせる魔術を持つおっちゃん
市川 力さん

「松永さん、どなたかと『ズバ抜けた問題児』について対談しませんか？」担当編集者にそう言われて、真っ先に思いついたのが市川力さんでした。私より、少しだけ若い1963年生まれ。

市川さんの経歴は、本当におもしろく、多少破天荒です。

彼は認知・情報科学という分野で大学院に進みました。簡単に言えば、草創期のAI（人工知能）に影響され、人間の知識の作り方の研究をしたんですね。

そのまま就職してもよさそうなものを、バイト先の先輩に誘われるがままに、アメリカで日本人駐在員の子どものための塾を立ち上げました。本人いわく、「あまり深く考えずに」13年。少人数の子どもたちに英語や日本語を教えながら、アメリカの少人数教育、探究型の学習方式を学んで帰国しました。

で、日本に戻ってきたけれど、仕事がない。40代のフリーターです。お金を稼ぐ手段を探し求めるうちに『英語を子どもに教えるな』(中公新書ラクレ)を出版し、注目されます。そして、東京コミュニティスクール(TCS)の立ち上げに声をかけられ、初代校長に。TCSはいわゆるフリースクールですが、ここで市川さんが実践した教育がすばらしい。スローガンは「大人と子どもが共に探究者となってミッションの遂行をたくらんでゆく」。TCSという場を得て、探究学習、フィールドワークを中心にした知的な学びを実践していきます。校長なのに、子どもたちからは「おっちゃん」と呼ばれていました。

そして今は、TCSを離れて活動しているそうです。何やってるんですか？と聞くと、これがなんだかよくわからない。

志ある人と人とをつなぐ国境を超えた学び研究コミュニティを立ち上げたり、移動小学校を主宰したり、NHKで放課後教育コンテンツを作ってみたりと、落ち着きなくいろんなことをしているようです。まさにADHDタイプ脳。

そんな市川さんと、「ズバ抜けた問題児」について語り合いました。彼らをフツーの子にしようなどとムダな努力をせず、「ズバ抜けた問題児」のまま育てることのすばらしさを、しみじみとかみしめていただきたい。

東大がやれば「異才発掘」、ぼくらがやると「居場所作り」

松永●市川先生の授業はおもしろいよね。魔術がある。子どもに勉強をおもしろがらせる魔術を持っているんだよ。

市川■ありがとうございます。うれしいです。

松永●東京コミュニティースクール（以下TCS）は、少人数で非常に魅力的な探究学習をしているけれど、フリースクールにはいまだにマイナスのイメージがあるんですか？

市川■そうですね。多くの親は「清水の舞台の上の上のそのまた上から飛び降りる」覚悟でやってきますよ。

松永●もうフツーの人生には戻れない！みたいな？

市川■フリースクールに通う子は、地域の公立小学校・中学校に籍があり、フリースクールに通った日数が出席日数として認められて卒業できる。卒業証書も在籍校からちゃんと出ます。それでも、ウワサを小耳にはさんだお隣さんから「そんなところに子どもを入れて大丈夫？」なんて心配されちゃうわけです。

松永●地元の公立で、あんなにおもしろい授業をしてるところは、ないけどね。

市川■日本は先進国の中でも、オルタナティブ教育（既存の教育にかわる新しい教育機関）を受け入れない社会ですからね。でも、玉石混交なのも事実です。学校に行けない子の居場所に甘んじているところもありますから。

松永●そうなんだ、それは残念だね。

市川■オルタナティブ教育は本来、学校では発揮されにくい、はじけた能力を見つけて伸ばすところだと思うんです。才能を発掘して伸ばしていかなくちゃ意味がない。従来の学校では絶対にできない教育をするんだっていう意欲がなくちゃ。

松永●異才発掘ってやつだな（笑）。

市川■そう。これを東大がやれば「異才発掘プロジェクト」なんだけど、ぼくらがやると「居場所作り」（笑）。なんでだろうね。

議論する。取材する。調査する。学びの本来の姿がここにある

市川■この本は「ズバ抜けた問題児の伸ばし方」がテーマですが、そういう子はTCSにもいっぱいいいますよ。私もそのひとりですし。

松永●あ、やっぱりそう？（笑）。ぼくもそう。お仲間だねぇ。そういう子たちを集めて教育するのって、どう？

市川■もうね。ただただすごい。彼らこそ時代の先端を行く人たちだということを、ひしひしと感じます。数人での議論なんか、水を得た魚ですね。私は5～6人の授

業がちょうどいいサイズだと思っていますが、そのくらいで話し合うと、語る！語る！語る！　いわゆる「学級会」なんかでは出てこないような、すごいアイディアが飛び出してきます。

松永●脳が活性化している？

市川■していますねぇ。次々にアイディアが出てくるし、それがまたユニークでおもしろい。こっちも刺激を受けて本気で意見を出し合う。そうすると突然、それまでの議論がストンと腑に落ちる瞬間がやってくる。

松永●「結論はそれだったか！」みたいになるんだ。

市川■でもその結論は仮説だから、じゃ、誰かに聞いてみようとか、図書館で調べようとか、実際に見てみようとか、教室から飛び出していく。すると次の仮説が生まれてくる。

松永●それこそが、本来あるべき学びの姿だね。アタマがどんどんよくなる。だけど、今の日本の普通の学校の授業ではむずかしいよね。

市川■突飛な発言をすると先生が「今はその話じゃない」とか、「その前にまずここをちゃんと考えよう」と言ったりしますからね。

松永●でも市川さんの授業では言わない。子どもたち、驚くんじゃない？

市川■そうなんです。学校で「ダメ」と言われていたことが、ＴＣＳでは「すばらしい」になる。「勝手に話すな」と言われていたのに、「もっと何かないの？」と言われる。自分らしい言動が評価されるのって、すごく大切なことですよね。

松永●そうか。わかったよ。

市川■わかりましたか？

松永●うん。市川先生のやっているような授業なら、彼らは楽しく学びながら才能を発揮できる。子どもにとって一番大切な、自信も育つ。彼らを既成の教育の枠に押し込めようとすると、ADHD的な側面、つまり社会的にマイナスに見える側面が色濃く出てしまうんだ。そして、「フツーのこともできない子」という烙印が押されてしまう。

女の子の「問題児」は男子以上につらい思いをしているかも

市川■実際、自信をなくしている「ズバ抜けた問題児」はすごく多いと思いますね。学校生活の中ではじき出される経験をたくさんしているので、のびのび発言できるようになるまで時間がかかります。特にがんばっちゃうのは女の子かな。

松永●あぁ、確かにね。男子はまぁ基本がバカだから、多少変わったヤツでも受け入れられる空気はあるよね。

市川■女子は空気を読むことを重視しますし、まじめに大人の期待に応えようとします。それができない子は異質に見えて、排除されたり、いじめられたりしてしまう。びっくりするような高偏差値の学校からフリースクールに転校してくるのは、女の子の方が多いですね。

松永●親も、女の子に対しての方が「普通であれ」という強いメッセージを送るだろうからキツイよね。

市川■女の子の「問題児」の親こそ、「この子のヘンさを力に変えていこう」と思ってほしい。いわゆる優秀な女の子像みたいなものに固執しないでほしいですね。

松永●黒柳徹子さんみたいなすてきな人もいっぱいいるから（笑）。

市川■これまで女子の「問題児」は、女優とか作家とか、特別な仕事でしか輝けないイメージがあったけれど、これからは企業でも求められると思います。女の子の親にこそ、自信を持って子育てしてほしいですね。

まんべんなくよくできて東大に入る子は求められていない

松永●市川さんが探究教育に目覚めたのは、いい指導者との出会いがあるの？ ぼくは中学生のときの塾の先生の影響が大きいんだけど。

市川■ぼくの原点は父親です。父は農学部を出て企業に勤めていましたが、フィールドワーカーでした。当時、ぼくが育った東京の郊外では受験戦争が過熱していましたが、父はまったくおかまいなしで、多摩丘陵の林や草むらに連れ出してくれました。いっしょに地域の野草のマップを作ったりしたなぁ。懐かしい。

松永●うらやましいなぁ。まさに今、市川さんが子どもたちとやっていることじゃない。自然体験を積んでいる人は強いよね。

市川■ノーベル賞受賞者や企業で成功している人に話を聞くと、授業がまともに聞けなかったとか、やんちゃな子だったという人ばっかりですよ。みんな「ズバ抜けた問題児」だった。今と違うのは、彼らが子どもの頃には放課後がちゃんとあって、学校が終われば勝手に雑木林に出かけていって、いろんな体験ができたことです。でも今は塾に行く子が多いし、大人の目が届かなくなることを親が極端にこわがって子どもが勝手に遊べなくなっている。そこが問題なんです。

松永●同感。高層マンションの一室で「放課後は危ないから外に出ないで」って言われたら、ゲームしかできないよね。

市川■親の意識が変わらないといけないんです。東大に何人子どもを入れたとか、そういう親ばかりが注目されるのってどうなんだろう。名門高校を出て東大に入るっていう流れに、財界のトップ層はもう興味を持っていませんよ。

松永●にもかかわらず、大多数の親は「ちゃんと座って授業を受けて、まんべんなくいい点数を取って、あわよくば東大に」って思ってるんだ。遅れてるよねぇ。

大人になった「問題児」を探して子どもに付き合わせたい

市川■ぼくは今、ここ30〜40年の間に作られてしまった、子育てのしばりを解きたいと思っているんですよ。「子どもを育てるのは母親の責任」とか、「偏差値の高い大学を卒業すれば幸せになれる」とか。

松永●50才くらいになれば、多くの親は「人生の道はひとつじゃない」「大企業に入ればいいってものでもない」と気づくんだけどね。残念ながらその年齢だと、子育てがほぼ終わっている。寿命が延びているんだから、女性は45才くらいで出産するのがちょうどいいのかもしれないよ。

市川■それもあるけど、子育ては母親だけがするものじゃないでしょ？　教育も、学校だけがするものじゃないし。日本のような高齢化社会で、町のおっちゃん・町のおばちゃんに手伝ってもらわないのはもったいないですよ。ぼくは湘南に住んでいるんですが、世の中が変わり始めていると感じることがありますね。親が自主的に学童クラブを作ったり、広い家を持っている人が子どものために自由に活動できる場所を提供したり。

松永●おもしろいね〜。

市川■おもしろいでしょ？　ぼくはそういう「おもしろがり屋」をあぶり出そうと

していいるんです。

松永●おもしろがるのはADHDタイプの得意技だからなぁ。でも徒党を組まないから、大人になった「問題児」を探すのはむずかしいね。

市川■そういう大人を探し出して、子どもたちを連れ回してもらいたい。大人がしたいことに子どもを付き合わせて、どんどん新しい体験をさせるんですよ。

ムダに見える時間、無茶に思える行動こそが知性の源だ

松永●私は月に1〜2回、生徒を奥多摩に連れていってたき火をするんだけどね、そこに親が参加するとびっくりするみたい。「子どもたち、言われなくても自主的に動くんですね。しかも盛り上がってる！」って。

市川■ぼくはこの前、山梨で「何もしないキャンプ」をしました。

松永●何もしないキャンプ（笑）。

市川■親も参加するけど、車の運転以外はやっちゃダメなの。見てるだけ。ほっとかれた子どもは暇だから「じゃ、カレー作ろうか」となり、買い物から始めて3種類のカレーができました。

松永●子どもたちにとっては強烈な体験だね。

市川■子ども時代には、時折こういう体験をする必要が絶対にあると思う。人間の

脳には楽しかった思い出が強く残るようになっていて、それが知性の源になるわけです。大人は、そこに至るまでのムダに見える時間、無茶に思える行動を止めてはいけない。タイムスケジュールに沿って、火おこし体験、はい次はキャンプファイヤー、なんて進む「自然体験キャンプ」では意味がないんですよ。

松永●奥多摩で滝つぼに飛び込んで遊ぶんだけどさ、102回飛び込んだ子がいたよ。まったく意味がない行動のようだけど、彼には何かが「見えた」と思うね。

市川■そう！ それなんですよ！ なぜ102回も飛び込むのか、理由なんてどうでもいい。飛び込みたいだけ飛び込むことに意味があるんですよ。山梨のキャンプにも、スマホゲームにどっぷりつかって「川なんて行きたくない、ダルい」って言いながら、親に引っぱられて来た子がいました。スマホを取り上げられた彼はどうしたか？ 川の中に座り込んじゃった。ガンジス川で沐浴する人みたいに、2時間ずーっと水の中に座っているの。

松永●それは感性のいい子だと思うよ。電子機器に同調し尽くしたあとの自然は、本当に気持ちがいいはずなんだ。樹林の中で自然のエキスを吸ってね。

待っていれば、波は必ずやって来る

市川■スケジュールが何も決まっていないから好きなだけ川の中にいられるし、

102回滝つぼに飛び込むこともできるわけですよ。それをニコニコしながら見守っている大人がいれば、もう最高。

松永●危険なときには飛び込めるようにスタンバイしている大人がね。そういうの、ぼくたちくらいの年齢の大人がやるのがちょうどいいんだ。

市川■見守る・待つということが、ADHDタイプの子には絶対に必要だと思います。発達障害について知られてくると、「なんらかの才能を見つけて、一芸に秀でた子にしなくちゃいけない」と思う親もいて、すごく危険だと思います。「スティーブ・ジョブズを育てよう！」みたいな。そうではなくて、とにかく待っていれば、必ず波が来る。それは、ぼくみたいにおっちゃんになってからかもしれないけれど、「きみが乗れるような波がきっと来るから、大丈夫だよ」って言ってあげたい。

松永●あ、それぼく、昨日言った！

市川■（笑）。それをね、家庭で親が言ってあげてほしいんですよ。

松永●学校の先生には言えないからね。先生にADHDタイプはまずいないから、理解できない。

市川■でも、なかなか家庭でも言えないですよ。ムダとか無茶とかまちがいとかを、矯正・訂正したがる人が多い。ぼくね、電車に乗ると親子連れの会話を注意して聞いているんです。この前、母親と小学生の女の子が海外のサマーキャンプの話をしていましてね。娘が「こういうのに参加すると、アメリカ語話せるようになるかな？」って言ったんです。

松永●アメリカ語（笑）。

市川■おもしろいでしょ？　でもお母さんは笑いもせず、冷たく「英語でしょ」と。

松永●おやまぁ、ずいぶんと上から目線だね。

市川■「キャンプはケンタッキー州だから、ケンタッキー語かもしれないよ」「じゃあ、チキンについても話せるようになる？」って、おもしろがってどんどん話を広げていけばいいじゃないですか。

おもしろがり屋の才能をとことん伸ばしてやりたい

市川■おもしろがるって、すごい才能だと思うんですよ。AIにはぜったい絶対できないのが、おもしろがること。社会の中でも、おもしろがり屋の才能はどんどん重視されるようになると思う。「アメリカ語」に「英語でしょ」って返しちゃったら、絶対におもしろがり屋の才能は伸びません。家庭の会話は毎日だから。365日だから。1回1回はささいなことでも、積み重ねればつぶされてしまう。

松永●そういう会話こそが、子どもを育てるおもしろさなんだけどね。無意識のうちに、わが子を幸せにしないようにしている親がいますよ。親としての知性が問われます。

市川■ADHDタイプの子は、おもしろがり屋の才能を持っています。その才能を伸ばすかつぶすかは、毎日の会話の中にあると思うんです。

松永●ぼくが長く教育の現場で仕事を続けられているのは、子どもをおもしろがれるからなんですよ。クソまじめにやっていたら、学校と同じにおいを感じて子どもは逃げ出しちゃう。

市川■ぼくは自分の悩みや苦しみ、過去を子どもたちに全部さらけ出しています。そして子どもたちは、真剣にぼくの人生を心配してくれています。「おっちゃんはなぜ結婚できなかったのか会議」が開かれたことがあって、みんな真剣に「おっちゃん、けっこう話おもしろいよね、どうしてかなぁ」って（笑）。

松永●うはははは（爆笑）。

市川■13年間アメリカで塾をやって、疲れ果てて戻ってきたときにはフリーターだし、妻も子もいない。やることがないので書いた本が評価されて、それがきっかけでTCSで13年間子どもとかかわらせていただいて、辞めてからもいろんな仕事をさせてもらえて。

松永●引っぱりだこだよね。

市川■50代半ばにしてようやく、波が最高潮！みたいな（笑）。

「ズバ抜けた問題児」がＡＩに仕事を奪われることはない

松永●市川さんはまさに「ズバ抜けた問題児」だね。子どもたちにしてみたら、すばらしいロールモデルじゃない？

市川■「おっちゃんは60才近いのに、いつも楽しそうだね」と言われます。ぼくは晩成型だという自覚があって、つねに今が一番いいとき。この先はもっとよくなると思っています。昔はよかったなんて、全然思わない。

松永●わかるなー。昔はよかった、なんて思わない。同窓会でシンミリして、肩組んで校歌なんか歌わない（笑）。

市川■ＡＤＨＤタイプは、大人になってからの方が生きやすいんですよ。

松永●特に今は、時代の変革期だからね。新しい時代を生きるには、「ズバ抜けた問題児」であることは大変な強みですよ。

市川■ある大企業のトップの言葉ですけどね。「ぼくは次の予定とか、全然覚えられないんだよ。自分より秘書の方が偉いと思う。で、もしＡＩがスケジュール管理してくれるんだったら、ＡＩに全部まかせるよ。ＡＩは忘れたって嫌な顔しないし、１００万回だって同じこと言ってくれるでしょ？」って。

松永●つまり、秘書はＡＩにとってかわられちゃうけれど、企業のトップはトップのままだってことだね。その社長さんも、「問題児」なんじゃないですか？

市川■はい。確かにそんな感じでした。お仲間のにおいがプンプン（笑）。社会はもう、そういう時代です。正確さとか緻密さが求められる仕事はＡＩがどんどん奪い取っていき、フロントランナーとして評価されるのが「ズバ抜けた問題児」です。「問題児」が迷いなく先頭を走り、そのあとを皆がついていく時代だということですよ。

松永●わかったよ。もうわかった。「ズバ抜けた問題児」には何も問題はない。これが結論だ！

市川■そうです。絶対にどこかで花が開きます。50代かもしれないけれど（笑）。

松永●人生長くなったからね。楽しみは先でいい。

あとがきにかえて

本書をお読みいただき、まことにありがとうございました。

この本は、長年にわたって受験指導ならびに教育環境設定コンサルタントとして活動してきた私が、自身のＡＤＨＤ、軽度アスペルガー、記憶障害を抱えた経験も生かして作り上げたものです。

本書は、空気が読めない、衝動的などＡＤＨＤ的な気質を持つ子ども、学習障害を持つ子ども、周囲から「問題児」の烙印を押されている子どもの親に、その対処方法を示すことが出発点でした。ところが気がつけばお読みいただいたとおり、そうした「障害者」の「開き直り」ともいえる内容になりました。

人間の脳は、ある部分に障害があれば、必ずそれを補う働きをしてくるものです。だからこそ、我々は生き残っているのでしょう。そしてまた、困難を自ら乗り越えた者こそ、本物の指導者として子どもを導くことができるのだと思っています。教師には挫折と、それを乗り越えた経験が必要です。特に自分と同様の問題を抱えた子どもを導けるのは、その経験がある者だと確信しています。

今日の私があるのは、「障害」があってのこと。もしそれがなければ、今の私という存在はありえません。私の「障害」は「個性」です。「ビョーキ」ではありません。ただ発達にやや時間がかかるだけなのです。自らの経験から、「障害」を周囲が矯正しようとするよりも、それに合った教育環境の設定をすることこそが肝要だと信じています。

たとえ「障害」があっても、それは閉ざされた教室の中でのことにすぎません。外に出て、自然の中で、火に、水に、土に、植物や動物に接するとき、それはしばしば「健常者」にはない能力として発揮されます。ときにはズバ抜けた能力として、周囲を驚かせることでしょう。

本書を読まれた方が、お子さまのゆっくりとした、しかし確実な成長にふさわしい教育環境を設定してくださることを願って止みません。

末尾ながら、その「朋」として対談に応じてくださった天才的指導者である市川力先生、編集ならびに執筆に協力してくださった中根さん、神さんに厚く感謝して、この本の結びとしたいと思います。

2017年12月

松永暢史

松永暢史《まつながのぶふみ》

教育環境設定コンサルタント。V-net教育相談事務所主宰。1957年東京生まれ、慶應義塾大学文学部卒業。多動で衝動的な子ども時代、「和を乱す問題児」として学校生活を送る。高校受験に際して成績アップの方法を模索し、都立の名門・西高校に進学。大学時代にムンバイ〜パリ間自動車旅行など、多くの海外旅行を体験する。同時に家庭教師が「天職」であると自覚。一律的な教育に向かない自らの体験を踏まえ、勉強のプロ・受験のプロとして、音読法、作文法、暗算法など、さまざまな学習法を開発し、子どもたちを指導するかたわら講演活動、執筆活動を行っている。『男の子を伸ばす母親はここが違う!』(扶桑社)、『将来の学力は10歳までの「読書量」で決まる!』(すばる舎)、『暗算・算数に遊びながら強くなる びっくりサイコロ学習法』『中学入試 国語記述のコツのコツ』(ともに主婦の友社)など著書多数。

装丁/戸倉 巌(トサカデザイン)
本文デザイン/川名美絵子(主婦の友社制作課)
イラスト/福井典子
校正/田杭雅子
編集協力/神 素子
編集担当/中根佳律子(主婦の友社)

「ズバ抜《ぬ》けた問題児《もんだいじ》」の伸《の》ばし方《かた》

平成30年1月10日　第1刷発行

著　者/松永暢史《まつながのぶふみ》
発行者/矢﨑謙三
発行所/株式会社主婦の友社
〒101-8911
東京都千代田区神田駿河台2-9
電話(編集) 03-5280-7537
(販売) 03-5280-7551
印刷所/大日本印刷株式会社

ISBN978-4-07-426963-1